Oscar bestsellers

FAKHRA YOUNAS
CON ELENA DONI

IL VOLTO CANCELLATO

Storia di Fakhra dal dramma alla rinascita

Postfazione di Tehmina Durrani

OSCAR MONDADORI

I edizione Ingrandimenti marzo 2005
I edizione Oscar bestsellers luglio 2010

ISBN 978-88-04-60401-3

Questo volume è stato stampato
presso Mondadori Printing S.p.A.
Stabilimento NSM - Cles (TN)
Stampato in Italia. Printed in Italy

Il racconto in prima persona va attribuito a Fakhra
ed è stato da lei approvato. I corsivi sono di Elena Doni.

Si ringrazia il professor Valerio Cervelli per avere fornito
alcune delle foto pubblicate in questo libro.

Anno 2012 - Ristampa 1 2 3 4 5 6 7

Indice

Il volto cancellato

Premessa

Questo libro nasce dalla dichiarazione di una giovane donna analfabeta: «Voglio scrivere il racconto della mia vita» disse un giorno Fakhra. E aggiunse: «La mia storia può aiutare altre ragazze che hanno vissuto il mio stesso dramma».

Ho accettato di rivestire di parole italiane i ricordi di Fakhra, perché mi è parso un dovere di solidarietà umana. Solidarietà verso di lei, che dolorosamente sta percorrendo le fasi della ricostruzione del suo viso e di parte del suo corpo, e verso le migliaia di donne che un giorno un uomo ha voluto cancellare con l'acido e che le famiglie, spesso confinate in quegli abissi di povertà in cui la pietà è morta, abbandonano perché una volta deturpate sono solo bocche da sfamare. In Pakistan, in Bangladesh, in India, dove questa aberrante violenza si sta diffondendo, le chiamano «le nuove lebbrose». E solidarietà verso quelle persone che in Italia, in Pakistan e altrove le curano, le reinseriscono nella vita civile e si battono perché gli attacchi con l'acido vengano severamente puniti.

Abbiamo cominciato così a ripercorrere la vita di Fakhra: lei parlava, due o tre ore nel suo italiano approssimativo (capisce ma non parla l'inglese), io registravo, chiedevo, scrivevo. E sono stata ben presto catturata nell'eterno meraviglioso gioco della narrazione, il gioco che nella leggenda salva la vita a Shéhérazade (simbolo dell'intelligenza femminile che vince la violenza maschile), che fa chiedere all'ascoltatore impaziente: «E poi, e poi?». Fakhra ha un modo di raccontare conciso, arcaico: «Allora lui andò e disse... lei ebbe una grande paura e non parlò più» e un pudore, ormai dimenticato in Occidente, nel raccontare i momenti intimi (ha sempre usato l'espressione «fare sesso», pur conoscendo i grevi sinonimi italiani) o quelli terribili dell'episodio che lei chiama «l'incidente».

Per l'esattezza, Fakhra non è del tutto analfabeta, sta imparando a scrivere. Frequenta la scuola di italiano per stranieri tra una degenza e l'altra in ospedale. Compita faticosamente e scrive, per ora, in stampatello: in italiano, la lingua che ha cominciato a imparare nel 2001, quando arrivò a Roma senza più naso, senza un occhio, senza un orecchio, con il collo rattrappito dalle cicatrizzazioni che non le consentivano più di alzare la testa.

Prima di sposare il figlio di un ricchissimo uomo politico, Fakhra è stata una danzatrice famosa. Parola che i pakistani pronunciano alzando le sopracciglia e che si può forse tradurre con un'espressione francese usata nell'Ottocento: «*fille de joie*». Quanto relativa fosse la «gioia» di Violetta Valéry è stato raccontato in musica da Giuseppe Verdi e prima di lui, con le parole, da Dumas figlio: la sorte delle danzatrici-bambine pakistane è ancora più crudele, perché non sono libere di scegliere l'uomo che le prenderà con sé. È la famiglia che sceglie e contratta il prezzo.

Seguendo passo passo la narrazione di Fakhra scompare ogni eventuale tentazione di moralismo: si capisce quanto inevitabile sia la sorte di ragazze come lei, figlie della povertà e del degrado sociale di un mondo in cui le madri non ricordano l'età dei figli, molte persone non hanno un cognome, i bambini vengono spesso lasciati senza istruzione, mandati in deposito da parenti lontani, cresciuti in una povertà devastante.

Dalle notti trascorse da bambina in una moschea diroccata con un mattone per cuscino alle serate fastose di diva della danza, dai giorni del lusso e dell'amore amaro di un marito follemente geloso alle lunghe degenze in ospedale, al difficile cammino di ricostruzione del corpo e dell'anima avendo come stella polare un bellissimo bambino «col cuore buono», Nauman (pronunciato «Noman»), che la mamma chiama teneramente con un diminutivo che è uguale in italiano e in urdu, Nomanino: questa la storia della vita e della rinascita di Fakhra.

Rinascita che, se è partita da Lahore per l'impegno generoso di Tehmina Durrani, matrigna di suo marito, si è poi concretata totalmente in Italia. Grazie alle strutture pubbliche e alla volontà dei singoli che le hanno fatte funzionare: Clarice Felli, fondatrice di Smileagain, l'organizzazione che assiste le donne del Sudest asiatico bruciate dall'acido; il sindaco di Roma Walter Veltroni, che un giorno prese per mano Fakhra e, mostrandole dalla finestra del suo studio il panorama del Foro, le promise che la città di Roma l'avrebbe accolta; l'onorevole Carla Rocchi, nel 2001 sottosegretario alla Sanità, e i funzionari che hanno contribuito ad attivare la complessa procedura per la cura dei cittadini extracomunitari che non possono essere assistiti nei loro paesi. E grazie anche alla cordialità e all'affetto delle numerose persone che Fakhra ha incontrato lungo il suo cammino italiano.

PRIMA PARTE

Quella mattina

Faceva un caldo terribile quella mattina di maggio a Karachi. Improvvisamente sentii un caldo come non avevo mai provato. E non vedevo più, non riuscivo ad aprire gli occhi che mi si erano tremendamente gonfiati.

A un certo punto mi accorsi che mi erano caduti di dosso i vestiti ed ero nuda: quando era arrivato mio marito ero vestita e ora non avevo più niente sulla pelle. Gridavo, chiamavo aiuto mentre salivo le scale alla ricerca di qualcuno. Mi accorsi che una persona mi aveva buttato addosso uno scialle, capii dalla voce che era un bambino. Mi rendevo conto che era successo qualcosa di terribile ma non sapevo che quello che aveva sciolto i miei vestiti e che ora mi stava mangiando il viso, il petto, le braccia era l'acido.

Quella mattina mio marito Bilal, tutto vestito di nero e accompagnato da tre guardie del corpo, era venuto nella mia vecchia casa, dove ero tornata a vivere quando avevo deciso di divorziare. Mi ero svegliata da poco ed ero distesa sul letto. Lui si era avvicinato e mi aveva afferrato la testa, tenendola indietro: credevo che mi volesse far bere qualcosa, invece mi versò sulla faccia dell'acqua. Quella che io credevo fosse acqua, perché sul momento non mi fece male. Provai solo la sensazione di bagnato. Non pensai all'acido, avevo sentito parlare appena vagamente di donne «acidificate» o bruciate col cherosene, che noi usiamo per cucinare: eppure nel mio paese ce ne sono tante, migliaia, non si sa quante perché le famiglie hanno vergogna a dirlo e loro hanno vergogna a farsi vedere e vivono nascoste, o finiscono a mendicare per le strade.

Sentii distintamente uno degli uomini della scorta che chiedeva: «Dobbiamo ucciderla?» e Bilal che rispondeva: «Basta così». Non so perché mi risparmiò la vita. Spesso penso che lo ha fatto solo per punirmi di più.

Ho avuto paura quando mi si sono gonfiati gli occhi al punto di non poterli più aprire. Ma ero molto lontana dal capire cosa mi era successo. Riuscivo solo a pensare al caldo. Faceva un caldo terribile, quella mattina a Karachi. O forse era nella macchina rimasta al sole che faceva tanto caldo: un caldo che non riuscivo più a sopportare. Mi stavano accompagnando all'ospedale. Mia sorella piangeva, io le prendevo la mano e le chiedevo: «Perché piangi?». Kiran aveva allora diciotto anni, due meno di me, ed era incinta del primo figlio. Lei è un angelo: ha un carattere forte ma il cuore buono. È stata per me come una madre mentre ero in ospedale.

Di quel primo giorno ho ricordi spezzati, come fotogrammi separati, immagini confuse, annebbiate. Forse perché appena mi hanno messo sulla lettiga dell'ospedale mi hanno fatto un'iniezione, ho dormito un po' e quando mi sono svegliata c'era tantissima gente intorno a me, molti amici, e tutti mi dicevano «fatti coraggio». Non vedevo, sentivo solo le voci, c'era anche mia madre, piangeva, mi baciava e mi diceva «fatti coraggio». Ma perché? Io volevo solo uscire e ricominciare a vivere, ora che mi ero liberata di Bilal. Poi mi venne un gran freddo, tremavo, anche la lingua mi si era gonfiata, non potevo più parlare, avevo la febbre altissima.

Non sapevo quanto tempo era passato, non avevo più il senso del tempo. So di essere stata tre mesi nella stanza sterile, a me sembrò una settimana. Il dolore era terribile, passava solo quando mi facevano in vena una puntura che chiamavano King. A volte però mi ingannavano, mi facevano una finta puntura di King, io urlavo e li chiamavo bugiardi.

Dopo un po' di tempo che ero nella camera sterile cominciai a sentire una puzza terribile. Era la mia carne che andava in putrefazione. Lo capii un giorno che venne il dottore a dire che dovevo fare una doccia. Ma perché – pensavo – una doccia? Sto così male, ho la febbre, non sarei capace di reggermi in piedi. Quello del medico era un ordine, mi fece aiutare dalle infermiere: e sotto l'acqua io sentii i pezzi della mia carne marcia che cadevano dal corpo. Solo allora capii fino in fondo quel che mi era successo.

Nella stanza sterile c'erano anche altri ustionati. Un giorno arrivarono in tanti: c'era stato un incidente stradale e una macchina aveva preso fuoco. Furono ricoverate diverse persone della stessa famiglia e tra loro una ragazzina sui dodici anni, che chiedeva sempre della mamma, che purtroppo era già morta. Io dicevo a mio fratello, che spesso mi teneva compagnia: «*Tina* (un diminutivo affettuoso), vai dalla bambina, dille che la mamma è al piano di sotto, tienile la mano e accarezzala». E lui lo faceva e scherzava anche con la bambina e la faceva ridere, perché era un ragazzo di carattere dolce. Dico *era* perché Tanvir non c'è più, è morto di droga l'anno scorso. C'è troppa, troppa droga in Pakistan. La chiedi e te la danno, anzi, te la portano a casa.

Era triste, quella stanza sterile, perché morivano tutti e la mattina gli infermieri dicevano: «Bisogna portare via anche questo». A uno a uno hanno portato via tutti, anche la bambina.

I medici erano convinti che anch'io sarei stata da «portare via». Pensavano che sarei vissuta due o tre giorni, non di più, perché l'acido era arrivato anche sul petto e se riesce a penetrare fino al canale del respiro si muore soffocati. Fu a quel punto che i medici dissero a mia madre di portare Nauman, il mio bambino, a salutarmi per l'ultima volta. Quando mi vide non disse niente, non pianse, ma uscendo sussurrò all'orecchio della nonna: «Quella non era la mia mamma». In seguito lo facevano stare in corridoio e io gli parlavo attraverso una finestra, standо di spalle, in modo che non vedesse la mia faccia coperta di bende.

Il primo giorno era stato come se ci fossi e non ci fossi. Sentivo tutto quello che dicevano ma io non potevo parlare né muovermi. Non mi sono neppure accorta di avere avuto un aborto spontaneo, me lo hanno detto dopo. Il dolore, quello sì lo sentivo. Come se mi avessero squartato. Un dolore impossibile da raccontare: ero diventata come pazza, dicevo parolacce a tutti e non mi importava più niente di niente, né della gente buona che veniva all'ospedale per avere mie notizie, né dei fiori che Bilal continuava a mandarmi. Mi hanno raccontato che mia cugina Nazia, che spesso veniva a tenermi la mano e a confortarmi, quando poi usciva in corridoio piangeva e gridava: «Dio, fai morire Fakhra».

I medici dicevano invece: «Fakhra sta litigando con la morte» e si meravigliavano che continuassi a vivere. Poi hanno detto che evidentemente ero una ragazza molto forte. Eppure prima dell'incidente ero considerata delicata, mi sentivo spesso debole, avevo paura di tutto. Non so che cosa mi ha fatto vivere, secondo me è stata una magia. Anche perché qualche volta io volevo morire.

Facevo molta fatica a respirare perché non avevo più il naso e neanche le labbra, non potevo inghiottire nulla e avevo dolore dappertutto. Un giorno lo dissi a un dottore, che volevo morire. Lui mi rispose: «Se non sai nuotare, hai paura dell'acqua e non credi di poter stare a galla. Ma se entri nel mare ti accorgi che ce la fai, muovi le gambe e le braccia e vedi che non vai a fondo».

Aveva ragione: non sono andata a fondo. Ho cominciato a occuparmi di piccole cose: chiedevo a mia sorella Kiran di spruzzare un po' di profumo sulle lenzuola perché mi dava fastidio il mio stesso odore, la pregavo di mettere un po' di fiori vicino al letto, volevo sempre lavarmi, al contrario di altri malati che avevano paura dell'acqua minerale. Perché al

Civil Hospital di Karachi non c'è acqua, bisogna comprarla in bottiglie sigillate – ed è cara e brucia sulle ferite aperte – oppure dagli acquaioli che la vendono in otri di pelle di pecora, ma è piena di animaletti bianchi e non conviene versarla sulle piaghe.

Ora voglio vivere per mio figlio, che è buono e forte. E voglio raccontare la mia vita, voglio dire tutta la verità, anche le cose brutte che ho fatto o che volevo fare: Nauman capirà. Ho detto troppe bugie, troppe bugie sono state dette a me, troppe cose ho nascosto e mi sono state nascoste. Sono stata tradita da chi doveva aiutarmi, ma sono stata aiutata da chi mi conosceva appena. Ora voglio parlare perché penso che la mia storia possa aiutare qualcuno: le donne bruciate, prima di tutto, e forse, chissà, i tanti infelici condannati all'inferno del Civil Hospital.

La storia di Fakhra e Bilal è nota in tutto il Pakistan. Perché Fakhra era una ballerina famosa, certo: ma forse ancora di più a causa della posizione sociale di Bilal, ex deputato al parlamento del Punjab (una delle quattro province in cui è diviso il Pakistan) e soprattutto figlio dell'ex governatore, il Leone del Punjab, Ghulam Mustafa Khar, uno dei grandi feudatari del paese. In Pakistan sono comunemente chiamati feudal lords, *signori feudali, alcuni uomini immensamente ricchi e immensamente potenti, che nelle loro terre amministrano anche il potere giudiziario attraverso un tribunale di cinque giudici detto* panchet. *La loro forza, oltre che dalla grande ricchezza, nasce anche dall'essere presenti in gran numero nelle strutture politiche del paese.*

Io ho molto amato Bilal e lui ha molto amato me. Quando disse al padre che voleva sposare me, una ballerina, il padre non lo volle più vedere e non gli diede più soldi. Perché in Pakistan le ballerine si prendono ma non si sposano. La famiglia di Bilal era, ed è ancora, una famiglia ricca e potente. Nessuno di quella famiglia volle accettarmi: con l'eccezione di Tehmina, che era stata una delle mogli di Mustafa, il padre di Bilal. Lei mi disse: «Per me tu non sei una ballerina, sei una donna: e io sono felice di accoglierti nella mia casa». Tehmina ha un grande cuore e quando Bilal era bambino ed era molto triste perché la madre lo aveva abbandonato per fuggire con il fratello del suo papà lei l'aveva trattato come un figlio.

Forse fu a causa di quell'abbandono che Bilal mi amava di un amore malato. Era ossessionato dalla gelosia: per il mio passato e anche per il mio bambino Nauman. All'inizio non lo aveva voluto nella nostra casa, poi lo accettò a malincuore quando io gli dissi che non potevo vivere senza mio figlio. Pensava che fossi ancora legata al padre di Nauman, ma si sbagliava, era una storia finita. Purtroppo Bilal beveva e la sera diventava violento: mi picchiava, poi voleva fare l'amore, mi baciava i piedi, piangeva e mi scongiurava di non lasciarlo. Quante volte è successo, quante volte abbiamo fatto la pace, quante lacrime, quante speranze, quante illusioni... Quante volte invece lui chiudeva a chiave la porta della nostra stanza, mi picchiava e Nauman nella stanza accanto sentiva tutto e piangeva chiedendo aiuto per la sua mamma.

Fino al giorno in cui ho detto basta: mi ero appena accorta di essere incinta e Bilal la sera prima mi aveva sottoposto per la centesima volta a un'umiliazione il cui copione conoscevo fin troppo bene. Era già alticcio quando offrì anche a me un bicchiere di liquore. «No, grazie» dissi. Insistette, rifiutai di nuovo: mi buttò il liquore in faccia. «Balla» mi ordinò. Ubbidii, come avevo già fatto altre volte. E come le altre volte lui restò a guardarmi e commentò rabbioso: «Sei solo una ballerina, non cambierai mai». Quella sera non pretese di fare sesso: si spogliò, andò in cucina e, non so perché, buttò la pistola nel mastello della farina, tornò in camera e si addormentò subito.

In quello stesso istante io presi la decisione: o meglio, la trovai già pronta dentro di me. Uscii dalla stanza, chiusi dentro a chiave Bilal, tremando mi infilai un paio di scarpe, svegliai il mio bambino e con lui per mano andai a chiedere aiuto a una coppia di conoscenti, i Baloch, che abitavano poco lontano e che una volta erano stati testimoni delle botte di mio marito. Mi regalarono mille rupie con le quali presi un taxi e andai a casa di una mia zia. Da lì telefonai a mia madre e mia sorella, con le quali non comunicavo da tre mesi perché Bilal me lo proibiva, e tornai a vivere con loro.

Avevo vent'anni, potevo ancora ricominciare daccapo: ma non volevo il figlio di Bilal. Del resto il giudice non mi avrebbe concesso il divorzio se avesse saputo che ero incinta. Chiesi consiglio per abortire a Shedamaluk, la suocera di mia sorella. Lei promise di aiutarmi e invece andò a fare la spia a Bilal: è un'infame. È colpa sua se Bilal ha perso la testa e ha fatto quello che ha fatto.

In Pakistan le cure si pagano. Nei *free hospitals* non si paga l'opera dei medici ma bisogna comprarsi le medicine e, se non hai gli antibiotici, dopo un'operazione puoi morire anche se il chirurgo ha lavorato bene. Mia madre ha venduto la nostra casa per pagare le mie cure, così quando sono uscita dopo sei mesi di ospedale non avevamo più soldi e tutti e tre – mamma, Nauman e io – siamo andati ad abitare da mia sorella. Bilal aveva offerto del denaro alla mia famiglia, che ha rifiutato, quindi non c'era altra soluzione che la casa di Kiran. Quando ero ballerina io davo loro parecchi soldi e mio cognato Irfàn, detto Puli, era molto gentile con me: ma quando Nauman e io eravamo solo due bocche in più da sfamare è diventato cattivo, spesso non mi comprava le medicine, le mie ferite si sono infettate, non mi permetteva di ricevere visite, picchiava Nauman e gli rinfacciava quello che io gli costavo. Come se non bastasse, pretendeva sempre che gli si preparassero piatti che richiedono una lunga cottura e la mia stanzetta, situata proprio vicino alla cucina, si riempiva di vapore e questo faceva male alle mie ferite, molte delle quali erano ancora aperte.

Mamma invece si è comportata con grande forza d'animo: riusciva sempre a mettere da parte i soldi per comprarmi le medicine e tutta la frutta che desideravo. Mi medicava con grande delicatezza, a volte piangeva mentre mi disinfettava, come se anche lei sentisse il dolore che provavo io. E passava la notte intera a massaggiarmi, se glielo chiedevo. Anche con lei Puli era molto duro: una notte che ero uscita con Nauman a prendere un po' d'aria, rientrando l'abbiamo trovata che dormiva per le scale perché suo genero l'aveva cacciata di casa.

Ho capito dunque che dovevo andarmene: ma dove? Tutte le persone che conoscevo, che in qualche modo avevano fatto parte della mia vita, erano sparite: non potevo andare da nessuno perché i bambini avevano paura di me.

Bilal continuava a mandarmi fiori e lettere e telefonava spesso per avere mie notizie. Un giorno decisi che gli avrei parlato. Tremavo come una foglia quando ho preso il microfono.

«Hello, come stai?» chiese lui.

«E hai il coraggio di chiedermelo?» risposi.

«Sono pentito, mi dispiace, vorrei che tu tornassi da me.»

«Ti mando una mia foto, poi decidi.»

«Io ti ho amato, tu per me sei sempre la stessa. Che programmi hai?»

«Nella mia vita non ci sono più programmi.»

«Vengo a prenderti.»

«Non puoi, la polizia ti cerca.»

«Non m'importa.»

Si fece prestare la casa da un amico, prese l'aereo da Lahore, dove allora abitava, arrivò a Karachi. Era tutto vestito di nero, come il giorno che mi aveva bruciato con l'acido. Mi faceva paura, mi sono accorta che aveva bevuto, piangeva, io avevo la tempesta dentro il cuore. Decisi di tornare da lui, un po' perché non potevo continuare a stare da mia sorella, un po' perché volevo rivedere Tehmina che mi aveva sempre protetto quando ero in ospedale: lei è una persona influente in Pakistan. E un po' perché in fondo al cuore sognavo di fare del male a Bilal, volevo vendicarmi. Un sentimento che sfumò una sera quando, entrando in bagno, vidi che c'era una bottiglia di candeggina e la versai nel suo bicchiere. Ma non ho potuto: ho buttato via la candeggina e ho lavato il bicchiere.

Bilal ha voluto di nuovo fare sesso con me. Prima abbiamo fumato molto hashish e lui mi baciava i piedi come una volta, ma non serviva a niente. Mi sembrava tutto falso. Non mi ero mai guardata allo specchio, ma mi toccavo la faccia e sapevo com'ero. A letto mi misi un cuscino sulla testa. Lui era sopra di me e faceva sesso, io sotto mi sentivo come morta.

Mi amava, diceva. Ma appena poteva scappava via da me. Il venerdì diventava nervoso, smaniava per andare a fare il weekend da qualche parte. «Vado a fare un lavoretto» mi diceva. E mio cognato Puli rigirava il coltello nella piaga alludendo sempre, ironico, ai «lavori» che Bilal faceva il sabato e la domenica. Quando partiva, mio marito spegneva il cellulare per due giorni: una volta non diede più notizie di sé per cinque giorni. Quando tornò e gli chiesi il motivo di quel ritardo mi disse di aver salvato la vita a una ballerina del mio gruppo che due uomini volevano rapire. «Bravo, Bilal» gli dissi con voce tranquilla «hai fatto bene, ti sei comportato da uomo sensibile.» Ci sono volte che io non piango, non si vedono lacrime uscire dai miei occhi: ma il mio cuore piange.

La vita a Karachi in quel periodo è stata veramente dura. Mustafa continuava a non dare soldi al figlio, colpevole di aver sposato una ballerina. Non sempre avevamo di che comprarci da mangiare: e meno ancora denaro per farmi curare.

Dopo qualche tempo Bilal decise di portarmi a Lahore. Ricordo che in aereo c'era un bambino che piangeva disperato. Io mi ero coperta tutta con un grande scialle bianco, ma forse nel muovermi mi era scivolato via un po' dal viso e il bambino aveva visto. Se no perché piangeva tanto? Andammo in albergo. Perché non a casa? Perché Bilal continuava a vivere con la sua seconda moglie – io ero la quinta – e non voleva che lei sapesse della mia presenza. Bugie, sotterfugi, come sempre. E come sempre ricominciammo a litigare.

Un'altra ragione della notorietà del caso di Fakhra e Bilal sta probabilmente nel fatto che Fakhra è stata la prima donna pakistana che è riuscita a far arrestare il suo «acidificatore». Com'era prevedibile, Bilal è rimasto assai poco in prigione: al processo tutti i testimoni hanno ritrattato le precedenti dichiarazioni.

Ma quando era ancora libero, il principale giornale pakistano, «Dawn», ha scritto indignato: «Non hanno mogli, madri, sorelle, figlie i nostri giudici? È possibile che tutte le donne di questo paese siano destinate a essere per sempre impunemente trattate come esseri subumani? Soggette a ogni crudeltà e umiliazione senza che i nostri legislatori e i nostri giudici alzino un dito in loro difesa? Bilal Khar, che non ha mai negato i fatti, non è stato arrestato e va in giro libero di buttare acido un'altra volta».

Da Lahore partì però la strada della mia salvezza e ad aprirla fu Tehmina. Venne a trovarmi Nisha, la figlia di Tehmina che ha la mia stessa età. Rimase sconvolta, ne parlò alla madre, lei mandò subito una macchina a prendermi. Quando mi vide mi abbracciò: piangevamo e tremavamo tutt'e due. «Vedrai, tutto si aggiusta» disse lei. L'indomani mi fece tornare a casa sua e fece venire anche Bilal e il padre Mustafa Khar, il suo ex marito. Rimasero a parlare per un po' al piano di sotto, mentre io continuavo a stare di sopra avvolta nel mio scialle. A un certo momento venne a prendermi Nisha e mi accompagnò giù. Tehmina mi mise davanti a Mustafa, mi strappò il velo dalla faccia e gli disse: «Ecco come tuo figlio ha ridotto sua moglie. Ora cosa hai intenzione di fare?».

Fakhra bambina

Nascere donna in Pakistan, e soprattutto nascere povera, significa venire al mondo con una strada già segnata davanti a sé e trovare chiuse tutte le porte per accedere a un futuro diverso da quello della propria madre.

I matrimoni tra bambini sono proibiti dalla legge ma non sono spariti, i matrimoni sono comunque combinati dalle famiglie e la sharia (la legge islamica introdotta nel 1980 con il nome di Hudood Ordinances, regalo del generale Zia ai fondamentalisti) punisce con la lapidazione le adultere e le donne che fanno sesso senza essere sposate. Finora i processi intentati contro donne accusate di «fornicazione» (come avvenne in Nigeria per Safyia e Amina) sono sempre stati vinti in appello, grazie all'impegno di avvocate e avvocati progressisti: ma migliaia di donne sono in prigione, spesso per essere rimaste incinte dopo uno stupro. Nel luglio 2004 è stata presentata una proposta governativa per la revisione delle Hudood Ordinances. Un precedente tentativo del presidente Musharraf di rivedere le leggi islamiche era fallito per l'opposizione dei gruppi politici fondamentalisti.

Ci sono cose al mio paese alle quali non si dà molta importanza: qui è diverso, qui tutto deve essere chiaro e preciso. Ci sono parole e numeri che obbligano a essere questo e non altro: bianco o nero, vero o falso. A me questo va bene, non mi è mai piaciuta l'incertezza: quando ti dicono «sì, sì, domani» e questo domani non arriva mai. E odio la falsità, che invece è tanto diffusa in Pakistan: sorrisi davanti e veleni dietro.

Quest'abitudine alle regole rigide della verità l'ho presa al momento di venire in Italia, quando ho dovuto decidere in che giorno ero nata. Ho scelto allora e sarà così per sempre, è scritto su tutti i documenti: sono nata il 31 maggio 1979: così ora vado dicendo di avere venticinque anni, ma è possibile che ne abbia ventiquattro oppure ventisei. L'unica cosa certa della mia vita è che sono nata a Karachi nel mese di maggio, ma mia madre non ricorda né il giorno né l'anno. Dico che potrei avere un anno meno di quello che è scritto sul passaporto perché quando Auntie Chia combinò di vendermi a Hemat dicendo che avevo tredici anni, non avevo neppure un accenno di seno e il ciclo mi era iniziato da poco.

Non sono stata una bambina felice.

Quando frugo nella memoria alla ricerca del momento più lontano mi si presenta alla mente un quadro che ancora oggi mi provoca grande angoscia. Eravamo nel villaggio di Gujraval, in una casa di altre persone. Mi sono svegliata in una stanza in cui c'era un cavallo. No, non era una stalla: era una stanza in cui c'erano due letti e anche un cavallo, non so perché. In un letto stavo io, nell'altro c'era mia madre con un uomo: parlavano e facevano un rumore che mi spaventava moltissimo. Imparai in seguito che stavano facendo sesso. Io provavo paura e tristezza, avrei dato qualunque cosa purché smettessero.

Mia madre, Munaver-Sultana, era bella e anche istruita. Una nonna adottiva l'aveva fatta studiare, conosceva persino la filosofia. Era cantante e danzatrice di successo, conosciuta in tutto il Pakistan. Quando mia sorella, mio fratello e io eravamo molto piccoli abbiamo avuto sicuramente una vita agiata perché c'era una ragazza il cui unico incarico era occuparsi di noi. Prima di noi tre mamma aveva avuto un altro figlio che aveva ceduto al padre, un uomo ricco.

Il maggiore di noi, Tanvir detto Tina, era figlio di un uomo che non ho mai conosciuto e che mamma non vedeva più. Io e mia sorella Kiran, nata due anni dopo di me, siamo figlie di Fateh Ali Khan, un cantante di musica tradizionale ricco e famoso che a un certo punto entrò anche in politica. È morto qualche anno fa a Londra. Dicono che fosse un uomo brillante, sempre circondato di belle donne. Non l'ho conosciuto, non è mai venuto a trovarci. Provo una grande rabbia quando penso a lui.

Mamma era una danzatrice, come lo era stata sua madre, e anche cantante: una donna moderna che si vestiva in tutti i modi, all'occidentale o con abiti tradizionali. Portava sia lo *shelwar kamiz* (pantaloni con sopra la tunica) sia il sari, le piaceva vestirsi spesso di nero. Mi incantavo a guardarla quando si truccava: con il mascara e il kajal i suoi occhi diventavano immensi e dopo lei si sottolineava la bocca con un rossetto marrone o colore della pelle. Si lavava con farina di ceci e sia il viso sia il corpo assumevano un colore meraviglioso. Era così famosa per la sua eleganza che spesso altre donne venivano da lei per imparare come camminare o come tenere il braccio quando si indossa un sari.

Ma quando avevo una decina di anni mamma cominciò a fumare e quello fu l'inizio della fine della nostra infanzia. Perché mamma fumava eroina: da noi si usa fumare o aspirare l'eroina, solo raramente iniettarla. Cominciò a pensare solo alla droga: non faceva più da mangiare, comprava qualcosa al ristorante, al mattino dormiva fino a tardi. Quando a noi bambini i morsi della fame si facevano troppo forti andavamo a svegliarla per chiederle i soldi e andare a prendere qualcosa da mangiare alla bancarella. Con le due rupie che ci dava compravamo farina di ceci e *nan*, una specie di pizza bianca. Non bastavano a riempirci lo stomaco, spesso avevamo ancora fame, ma sapevamo che era inutile andare a chiedere qualche altra rupia a mamma, non ci avrebbe dato più niente. A volte portava me e mia sorella Kiran a comprare droga con lei: la polizia non arresta una madre con due bambine. Dovevamo camminare, camminare, camminare, anche due ore, un'eternità per i nostri piccoli piedi.

Eravamo andati a vivere a Kasur, città famosa per le belle donne, il buon cibo e il bel canto: luogo d'origine della famiglia di mia madre. Una città prediletta dagli uomini gay che spesso vivono in coppia: uno fa il maschio e continua a vestirsi da uomo, l'altro si veste da donna e si trucca molto vistosamente. In Pakistan gli omosessuali sono rispettati e hanno molta autorevolezza. Si comportano come se fossero parenti anziani e saggi: spesso aiutano, con denaro o consigli, le famiglie dei loro conoscenti, perciò sono sempre benvenuti nelle case.

A me non piaceva neanche un po' il posto dove abitavamo a Kasur: era un *haveli* mezzo diroccato di nove stanze, tutte vuote eccetto una dove c'erano un caminetto, tre letti, quattro piatti, tre bicchieri, tre pentole, qualche scatola per metterci i vestiti, niente sedie e niente tavolo. Mangiavamo con le mani, seduti sui letti, e ci lavavamo alla pompa del pozzo. Tutte quelle stanze vuote mi facevano paura, ma ce n'era una in particolare che mi terrorizzava: la stanza per pregare, quella del *ru*, Baba Gheivallah, un fantasma buono che fa parte della tradizione di noi sciiti e che mamma giurava di aver visto aggirarsi in casa nostra. Ci sono entrata qualche volta solo per fame: perché tra le offerte che gli venivano fatte c'era sempre qualche dolcetto.

Qualche volta la gente di Kasur affittava la sala grande della nostra casa per fare delle feste: non c'era più il tetto e quindi era diventata una specie di cortile che poteva contenere fino a duecento persone. In quelle occasioni i cuochi portavano grandi pentole e cucinavano accendendo un fuoco di legna. Un giorno mamma mi chiamò perché stava molto male e mi pregò di andare ad avvertire la nonna: il suo letto era pieno di sangue. La nonna tornò con una levatrice e mi mandarono via per un paio d'ore. «Per fortuna mi avete chiamato in tempo» disse la donna. «Se aveste aspettato ancora questa donna poteva morire. Adesso bisogna farle mangiare una zuppa di carne perché deve riprendere forza.» Dopo la visita la nonna se ne andò via e io rimasi sola, con il problema della zuppa.

Dove trovare i soldi per comprare la carne? Non c'era altra soluzione che rubarla a quelli che stavano preparando la festa nella sala: l'ho fatto tremando di paura e poi sono andata nella stanza del *ru* piangendo a chiedere perdono. Avevo forse nove anni e non avevo mai cucinato da sola: ho messo la carne nella pentola con acqua, zenzero, zafferano, cipolle, pomodori e molto peperoncino. Sbagliando, perché il peperoncino non si deve mettere nelle zuppe. Però alla fine mamma ha potuto mangiare la zuppa di carne e io le ho anche fatto bere un po' di acqua presa nella stanza del *ru*, dove la gente la lascia nei vasi, nel caso che a Baba Gheivallah venga sete. Speravo che quell'acqua santa la guarisse subito. Poi ho lavato i pannolini tutti sporchi di sangue e di coaguli, vincendo il disgusto di toccare quella roba. Mamma piangeva e non mi diceva una parola. Mi parlava pochissimo allora. Solo da qualche anno mi ringrazia e dice: «Non sono stata io a farti da madre, sei stata tu a fare da madre a me e ai tuoi fratelli».

L'analfabetismo, come in tutti i paesi del Terzo Mondo, è la regola e non l'eccezione: si stima che le pakistane in grado di leggere e scrivere siano forse trenta su cento, per gli uomini la percentuale arriva a cinquanta. Nel 2004 il governo si è impegnato a distribuire gratuitamente i libri ai bambini delle scuole elementari, un provvedimento utile soprattutto alle bambine, perché quando c'è da sostenere una spesa per l'istruzione dei figli la scelta è sempre a favore del maschio. Il provvedimento ha funzionato però a macchia di leopardo: le disfunzioni della burocrazia hanno spesso la meglio sulle buone intenzioni. E le scuole sono spesso troppo lontane da raggiungere per le bambine che vivono nei villaggi, che spesso non hanno scarpe e che la tradizione vuole iperprotette da qualsiasi insidia possano incontrare su una strada. La piena scolarizzazione non è un traguardo a portata di mano.

Noi non siamo andati a scuola: non so perché, diversi bambini nostri vicini di casa ci andavano. In Pakistan la scuola elementare non costa nulla, allora però si pagavano i libri: immagino che sia stata la solita mancanza di soldi a far decidere a mamma che si poteva vivere anche senza saper scrivere. Qualche volta ci faceva lezione lei, ma senza una regola precisa, quando ne aveva voglia, e io dimenticavo subito il poco che apprendevo. Solo ora sto imparando a scrivere: in italiano, non nella mia lingua. L'urdu usa i caratteri arabi, quindi non potrò mai leggere un giornale scritto in urdu.

Vivevamo da poveri, questo è certo. Mamma aveva perso la voglia di lavorare, andava di rado a esibirsi e i soldi che guadagnava li spendeva per la droga o li dava agli uomini di cui s'innamorava. Quando portava un uomo a casa ci diceva «dormite, dormite», ma io non dormivo affatto, piangevo sotto le coperte: quando sentivo i rumori credevo che le facessero male.

Ricordo uno di questi uomini, Said, che ci obbligava a chiamarlo «papà». Altro che papà! Quando c'era lui non osavamo quasi respirare, appena qualche parola se ci interrogava: e se sbagliavamo erano botte. Appena arrivava, Said si beveva tutto il latte che noi compravamo, il *nostro* latte, poi ci dava due rupie perché andassimo a prenderci qualcosa da mangiare e quando tornavamo la porta era chiusa e non potevamo più rientrare. Alla sera ci mandava tutti a letto alle nove. E alla mattina vedevo certi segni sul collo di mia madre: mi veniva una grande rabbia, mi sembrava una donna sporca, tutto ciò che toccava mi sembrava sporco. Quell'uomo era una bestia.

Una notte che lui non c'era mia sorella e io ci siamo svegliate perché mamma piangeva e gridava. Ci siamo avvicinate al letto, lei ci ha dato una specie di bambino avvolto in un panno. Era un bambino e non lo era, aveva la testa grossa ed era tutto viscido: ci faceva senso.

«Mettetelo in un sacchetto di plastica e andate a buttarlo nel fiume» ci ordinò mamma. Aveva la voce di quando bisognava proprio ubbidire.

Dopo, a me venne la febbre. Ogni poco mamma era incinta e Said, che aveva già una moglie e tre figli, non voleva bambini: lei abortiva, c'era sangue dappertutto e questo mi faceva orrore. Quel Said non era solo una bestia, era anche un bugiardo: non si poteva credere a nulla di quel che diceva. Prometteva sempre di portarci un televisore ma arrivava regolarmente a mani vuote. Dopo mesi che andava avanti questa presa in giro io dissi a mamma: «Papà dice le bugie». Mamma mi picchiò con un bastone.

Said era alto, grosso, con la barba nera, faceva paura a tutti. Era molto religioso e mamma, che era completamente soggiogata da lui, cominciò a portare il *burqa* e a pregare cinque volte al giorno, rivolta alla Mecca. A noi bambini però non ha neppure mai raccontato la storia di Maometto. E con tutta la loro religione, mamma e Said passavano la notte tra sesso e droga. Io ero terribilmente gelosa di lui: mi aveva rubato la mamma.

Oltretutto lui era sunnita, noi sciiti e avevamo tradizioni diverse. Per noi, per esempio, è molto importante il Moharran, il mese di lutto per la morte del venerato imam Hossein, il nipote del Profeta: tutti gli sciiti si vestono di nero o di bianco e gli uomini si feriscono con mazzi di coltelli usati come fruste. A noi è stato proibito di osservare il Moharran fino a che Said è vissuto con mia madre. E ci venivano proibite anche le feste, quelle riunioni tra parenti e amici a cui gli invitati arrivano portando in dono denaro in una busta. Sono serate molto allegre, spesso si sta alzati tutta la notte ad ascoltare i cantanti e guardare le ballerine: la nonna, le zie, le amiche, tutte andavano alla festa. Noi no, a noi era proibito. Non credo però che fosse una questione religiosa, il problema era, come sempre, la mancanza di soldi.

Io sono molto religiosa ma diffido di chi mette in mostra una grande religiosità. Forse questa antipatia è nata in me quando ero bambina perché un mio zio barbuto, considerato una piccola autorità religiosa al quale tanti si rivolgevano per consigli, mi portava in moschea e qui mi toccava le tette e mi faceva vedere il suo sesso, ordinandomi di stare zitta. Certo che non parlavo: sapevo che se lo avessi fatto nessuno mi avrebbe creduta e di sicuro sarei stata picchiata.

Sembra impossibile, ma anche in mezzo all'orrore e alle privazioni i bambini riescono a trovare momenti per giocare. Così era anche per noi: io avevo le bambole di pezza, quelle dei poveretti che costavano solo due rupie, ma le amavo lo stesso, facevo per loro la casetta e cucivo nuovi vestiti con qualche pezzo di stoffa che mi regalavano. Avevo anche inventato tutto un calendario per la vita delle bambole: un giorno facevo una festa, alla quale invitavo le mie amiche, per celebrare il matrimonio di una bambola, un altro giorno altra festa perché la bambola era rimasta incinta, un terzo giorno recitavo la parte della levatrice che veniva per far nascere il bambolino.

Mi piaceva anche molto giocare a baseball con mio fratello, oppure ad *apustrapu* con altri bambini: si tira un sasso e poi si salta con una gamba sola su un rettangolo disegnato per terra. Anche in Italia c'è lo stesso gioco, identico: lo chiamate «campana». Una volta raccolsi al cimitero un cucciolo color biscotto e lo chiamai Kunù: lo portai a casa, gli feci una piccola cuccia e con i soldi della mia colazione gli compravo fette biscottate e latte. Ma il cattivo Said dopo pochi giorni mi ordinò di riportarlo dove l'avevo trovato e io piangendo dovetti ubbidire. Amavo molto gli animali e ogni tanto portavo a casa dei pulcini, ma mi morivano sempre dopo qualche giorno, nonostante cercassi di curarli a modo mio, con le iniezioni di acqua.

Quello però che mi scaldava veramente il cuore era frequentare una famiglia di cantanti, i Sadek. Erano ricchi, moderni e la loro figlia Bushrà Sadek era famosa. Tutti erano gentili con me e i miei fratelli, ma lo era specialmente la mamma. Nostra madre ci lasciava spesso da lei, che ci dava da mangiare e ci metteva in tasca un po' di soldi. Era bella quella signora, portava sempre il velo e se lasciavo passare qualche giorno senza farmi vedere mi rimproverava dolcemente. «*Cutì, cutì*» mi diceva, un modo scherzoso per rimproverare i bambini che significa cagnolino, «perché non sei venuta? Ti avevo preparato il dolce.»

Avrei voluto una casa come quella dei cantanti, sempre in ordine e pulita, con una stanza per ogni diverso momento della giornata: una stanza per dormire, una per cucinare e una per mangiare e guardare la tivù. Inutilmente, disperatamente cercavo di imitarla nell'unica stanza che abitavamo: facevo le pulizie bene bene, attaccavo al muro le padelle in modo da formare una decorazione, mettevo uno scialle sulle scatole dei vestiti e univo i letti per fingere che anche noi avessimo un letto matrimoniale. Fu proprio quest'amore per la casa a determinare, almeno in parte, il mio destino.

Non è solo la mamma di Fakhra a non conoscere la data di nascita di sua figlia: in assenza di un'anagrafe funzionante, c'è l'abitudine in Pakistan di scrivere negli atti giudiziari: «Dell'apparente età di...». E il fatto che la madre sia stata schiava della droga per tanti anni (fino alla doppia tragedia del figlio morto per overdose e della figlia sfigurata) non meraviglia nessuno: si calcola che in Pakistan una persona su dodici sia dipendente dall'eroina.

Ma se l'inerzia della burocrazia e il lassismo, o la corruzione, della polizia lasciano prosperare il disordine e gli abusi, esistono anche coraggiose associazioni di volontari che si battono per i diritti civili e giornalisti che rischiano la vita – talvolta anche la perdono – per denunciare sopraffazioni e ingiustizie. La Legal Aid Cell, per esempio, offre patrocinio legale gratuito ai diseredati. È una struttura fondata inizialmente per difendere i diritti delle donne e che ora assiste tutti coloro che non hanno voce nella società. Amir Bux Brohi era invece un cronista noto per la sua intraprendenza e per il coraggio delle sue denunce contro la violenza e l'incapacità della polizia. Era anche un progressista che si batteva contro i delitti d'onore. È stato ucciso con tre colpi di pistola nell'ottobre 2003 mentre andava al lavoro. I colpevoli non sono mai stati trovati.

Un bel giorno – o brutto, forse, da un punto di vista pratico – Said scomparve dalla nostra vita. Con lui sparì la possibilità di mangiare tutti i giorni e sparì anche la nostra casa: brutta e cadente, è vero, ma pur sempre una casa. Mamma non aveva i soldi per pagare l'affitto e ci trasferimmo tutti in casa della zia Alia, che viveva con la madre adottiva, seconda moglie del nonno. Ci misero a dormire in terrazza: c'era un tetto e quindi non prendevamo la pioggia, ma la notte avevamo freddo e la coperta in cui ci avvolgevamo non bastava a farci dimenticare quanto era duro il pavimento. Più duro ancora, però, era il rinfaccio quotidiano del cibo che ci davano: la nonna, che era molto avara, prima serviva tutti gli altri – il nonno, la zia Alia, i suoi due figli nostri cugini, le persone di servizio – e se avanzava qualcosa lo dava a noi. Ma spesso rimanevamo con la pancia vuota e se a volte noi bambini aprivamo il frigo cercando qualcosa da mangiare ci gridavano dietro. Mentre per il gatto c'era sempre carne fresca e le persone di servizio avevano il permesso di mangiare quello che volevano.

Per i bambini poveri i giorni più tristi sono quelli della festa. Quell'anno, quando venne l'Eid, la solennità con cui si celebra la fine del Ramadan, mentre tutti i bambini di Kasur ricevevano vestiti nuovi e braccialetti e avevano il loro pezzo d'agnello a tavola, Kiran e io, che non avevamo neppure da mangiare, abbiamo pianto tenendoci abbracciate e io per consolarla le dicevo: «Aspetta che io diventi grande e vedrai».

Vedrai che cosa? Ancora non lo sapevo, ma ero sicura di voler fare qualcosa per far stare bene tutta la mia famiglia, per comprare tutto quello che ci mancava, volevo combattere, odiavo la passività di mia madre, sempre buttata su un letto: istupidita dalla droga o persa nel sesso.

Una cosa però l'avevo già capita: mi piaceva ballare. M'incantavo a guardare le danzatrici che volteggiavano a piedi nudi nei loro vestiti colorati, nello scintillio di tutti i loro gioielli, in una nuvola di profumo. Quando c'era una festa andavo sempre: per vedere le ballerine, certo, ma anche con la speranza che qualcuno dicesse anche a me «balla». Il problema era che a quel tempo, avevo undici anni, ero proprio bruttina, magra, sgraziata, piccola di statura, con la pelle scura, al contrario di mia sorella, che era delicata in tutti i movimenti e nel modo di parlare: a me dicevano sempre che invece di parlare urlavo. Gli uomini buttavano soldi che cadevano come foglie d'autunno sulle danzatrici, mentre io me ne stavo tristemente in un angolo. Dovevo fare pena perché ogni tanto qualche uomo mi allungava venti rupie, circa venticinque centesimi di euro, e mi diceva: «Dài, balla anche tu».

La prima volta che ho cercato di guadagnare soldi con la danza è stato subito dopo che Said aveva lasciato mamma. Lei era uscita di casa e dopo qualche ora era tornata e aveva messo sul letto tante monetine. Era andata alla porta di una moschea a chiedere la carità. Io mi sono chiusa nel gabinetto a piangere, tanto che mi scoppiava il cuore. Un'amica che aveva qualche anno più di me e che guadagnava qualcosa con la danza mi ha detto: «Dài, vieni con me». Mi ha dato uno *shelwar kamiz* verde scuro e un reggiseno che ho imbottito di ovatta; sotto la tunica ho messo due paia di pantaloni nella speranza di far credere che avessi un sedere bene in carne, che in Pakistan piace molto. In testa, visto che non avevo capelli perché me li avevano rasati a causa dei pidocchi, mi legò un primo fazzoletto nero annodato sulla nuca e sopra un fazzoletto verde. Quando è stato il mio turno di ballare ho cercato di imitare i passi della mia amica, che era piuttosto brava, ma la gente si è messa a ridere e, a un certo punto, un ragazzino ha interrotto il mio ballo strappandomi i fazzoletti dalla testa e lasciandomi piena di vergogna, con la mia testa rasata, in un mare di lacrime. Nonostante questo, alla fine della serata mi hanno dato cento rupie: cinquanta le ho date a mamma, cinquanta le ho tenute io per comprarmi il trucco nella speranza che ci sarebbe stata per me un'altra possibilità. In realtà dovettero passare alcuni anni prima che potessi guadagnare da vivere per me e per la mia famiglia con la danza.

Siamo rimasti parecchi mesi dai nonni, forse un anno, poi siamo andati peregrinando da una casa all'altra di amiche di mamma finché siamo finiti nella moschea di Hamambarka, ormai abbandonata e in rovina. Dormivamo per terra, un mattone per cuscino, andavamo a prendere l'acqua nel pozzo della zia (il frigo era solo per la sua famiglia), il cibo dovevamo cercarcelo ognuno per sé, spesso saltavamo i pasti oppure dovevamo accontentarci di un pezzetto di pane o di un po' di farina di ceci.

Mamma stava malissimo, vomitava spesso, io andavo dalle sue amiche a mendicare un po' di soldi per comprarle la droga. E dire che se si metteva un vestito e si truccava era ancora bella: aveva, credo, poco più di trent'anni a quel tempo.

Nessuna delle sue sorelle l'ha aiutata: erano sei, tre sono state portate via dal padre quando si è separato da mia nonna e la madre non le ha più riviste, tranne una, Fawzia, che tornò dopo vent'anni. Andò da mia nonna e le chiese: «Mi riconosci?». «No, chi sei?» disse la nonna. «Fawzia, tua figlia.» La nonna svenne, poi, quando riprese i sensi, cominciò a piangere e a gridare

Arrivarono i vicini e tutti piangevano e abbracciavano Fawzia. Lei raccontò della sua vita: aveva sposato un ricco proprietario di terre e viveva in campagna, nel Nord. Un giorno mi portò a vedere la sua casa: era bella, grande, pulita, ordinata e lei aveva molta cura dei figli, faceva attenzione a che mangiassero bene e se vedeva che avevano i piedi sporchi diceva: «Andate a lavarvi». Io li ho invidiati per questo.

Le due sorelle di mamma rimaste a Kasur, *Vaji* (zia) Gudò e *Vaji* Alia, sono invece scivolate lungo la china della miseria e dell'abiezione. Gudò era bella da morire quando era una ragazza, ma poi si è innamorata di un meccanico, un uomo povero, brutto e cattivo, e ha fatto con lui sette o otto figli. Sono andati ad abitare in una casa sporca e senza luce, l'unica consolazione della loro vita (che razza di consolazione!) era bere vodka di cattiva qualità alla sera prima di addormentarsi. Anche Alia era molto bella e anche lei era una brava ballerina. E come Gudò ha commesso l'errore di innamorarsi perdutamente di un uomo. Questo è quasi sempre l'inizio della rovina di una donna: la fissazione di credere che sia l'unico al mondo e la decisione di dargli tutto, di accontentarlo sempre. Una donna non dovrebbe mai concedersi completamente, dare a un uomo la sensazione che tutto è permesso con lei. Adesso Alia, che era forte e decisa, è diventata debole, senza volontà, è grassa, ha fatto sei o sette figli con un uomo che non l'ha sposata e aspetta senza ribellarsi le botte del compagno. Solo con le ballerine gli uomini possono permettersi di prenderle senza sposarle e privarle del rispetto della gente.

Secondo una ricerca del ministero delle Donne del Pakistan almeno l'ottanta per cento delle donne subisce violenze domestiche. Il delitto d'onore e le ustioni gravi per «incidenti» càusati dalle cucine a cherosene costituiscono la punta dell'iceberg, cioè la parte che emerge dell'inferno domestico attraverso le denunce alla polizia: ma la maggior parte delle violenze viene subita in silenzio, senza neppure la consapevolezza, da parte delle donne, che venga violato un diritto fondamentale.

Si può ben capire come il mondo della danza, con i suoi lustrini e i suoi colori, il guadagno facile e la relativa libertà di costumi, possa apparire a una ragazza povera infinitamente più attraente della tetra prigione domestica («il velo e le quattro mura» è l'espressione urdu per sintetizzare la vita di una brava moglie) che le famiglie timorate preparano per le loro figlie.

Non tutti i nostri parenti, però, erano miserabili e non tutti ci disprezzavano. C'era per esempio una lontana cugina di mamma, Azrah Jahan, cantante famosa, che viveva a Lahore con i figli, due femmine e un maschio. Una delle figlie, Badjiba, una giovane donna elegante che lasciava dietro di sé una scia di profumo meraviglioso, veniva qualche volta a Kasur guidando lei stessa l'automobile. Quando si fermava, e una piccola folla di bambini si radunava intorno alla sua macchina, lei distribuiva un po' di soldi a tutti: ed erano splendide banconote nuove, non quei soldi tutti consumati che, quando andava bene, circolavano nelle nostre case di poveri.

Una volta che era venuta a trovare la zia Alia, che abitava vicino alla moschea di Hamambarka, si accorse della nostra presenza, accampati come eravamo tra le vecchie mura in rovina. Venne subito da noi e disse solo: «Salite in macchina, vi porto a Lahore». La sua casa era meravigliosa come l'automobile: una villa a due piani, piena di tappeti, con tanti bagni e soprattutto tanto da mangiare e la libertà di mangiare e dormire quando volevamo. Badjiba era sposata a un uomo politico dall'aspetto severo (quando arrivava lui il gran baccano che c'era sempre in casa cessava come se qualcuno avesse spento l'interruttore della radio) ma non aveva ancora avuto figli. Forse per questo si riempiva la casa di bambini: finivamo tutti nella sua camera da letto, dove si cantava, si giocava, si mangiava. A volte la accompagnavamo tutti dal parrucchiere e lei faceva fare lo shampoo ad almeno una decina di piccole teste e poi comprava vestiti per tutti. Alla mattina ci mandava a prendere i *chapati* caldi e zuppa di pollo e facevamo un *nashta* tutti insieme. Un piccolo paradiso che finì improvvisamente un giorno, dopo una discussione tra mamma e Badjiba: a noi bambini non è mai stato spiegato perché siamo stati riportati in tutta fretta a «casa», cioè a dormire sotto le stelle nella moschea in rovina.

Un giorno venne a trovare mamma a Kasur un suonatore di *garai* (una specie di tamburo) che lei aveva conosciuto anni prima a Lahore. Un vecchietto dall'aria paterna che sembrava volerci aiutare. «Perché non venite a vivere a Lahore?» disse. Mamma non rispose subito, ma la proposta fece strada nel suo cuore e dopo qualche ora chiese a noi: «E se andassimo?».

Quando ai bambini si propone qualche cambiamento straordinario rispondono sempre con entusiasmo: andare in un'altra città è comunque un'interruzione in una serie di giornate tutte uguali. Forse noi eravamo spinti anche dall'idea che peggio di come stavamo nella vecchia moschea non poteva essere. Accettammo tutti contenti. Il vecchietto ci regalò i soldi dell'autobus e a Lahore ci trovò da dormire nella sua casa, all'ultimo piano di un palazzo alto. Per una ragione che non so mamma dovette tornare subito a Kasur, ma promise che sarebbe tornata dopo due o tre giorni. Al mattino Kiran mi svegliò scuotendomi forte: «Non ti sei accorta che il vecchietto stanotte è entrato nel nostro letto e ci toccava?». Uscii dal sonno come se avessi preso una scossa elettrica: bisognava scappare da quella casa, subito. Con terrore ci accorgemmo di essere state chiuse a chiave. A forza di gridare e battere sulla porta ci sentì un servo bambino, che ci aprì. Poco distante abitava una danzatrice amica di mamma, che ci accolse e ci rassicurò. Dopo qualche ora arrivò il vecchietto che, con una voce tutta latte e miele, disse che era venuto «per riportarci a casa». Kiran scattò come una piccola tigre e lo svergognò davanti a tutti. Per quella volta eravamo salve.

Mamma ritornò dopo due giorni, come aveva promesso, ma stava molto male. Si era addormentata al sole per un giorno intero e aveva la febbre altissima. Servivano medicine, ma come comprarle senza una rupia in tasca? Ero disperata, pensavo che mamma sarebbe morta.

Nella vita, per fortuna, non s'incontrano solo uomini-bestia: ogni tanto si trovano anche uomini-angelo. Quel giorno ce n'era uno a casa di Gudì, l'amica di mamma: mi mise in mano mille rupie, quindici euro. Corsi fuori a piedi nudi, senza neppure infilarmi i sandali, in cerca di un dottore. L'uomo-angelo comprò tutte le medicine ordinate dal dottore, spese quasi tremila rupie. «Perché hai fatto tutto questo per me?» gli chiesi. «Perché sei una ragazza semplice, disposta a fare pazzie per salvare sua madre» rispose. E mi baciò sulla bocca. Dolcemente. Era il primo bacio che ricevevo da un uomo. Lo trovai bello.

Rimase con me fino alle cinque del mattino nella stanza dove la mamma cominciava a migliorare. Prima di andarsene mi diede altre tremila rupie. «Potrebbero servire nuove medicine» disse.

Passò una settimana, mamma guarì e decise che ci saremmo trasferiti a Karachi. L'uomo-angelo, che si chiamava Vagit, propose di sposarmi. Mamma gli disse di no. Lui ci accompagnò alla stazione, comprò i biglietti del treno, cibo e frutta per le diciotto ore del viaggio e ci aggiunse cinquemila rupie. Piangeva quando chiusero le porte del vagone. «Se sei felice vai, se hai bisogno di qualcosa chiamami.» Fu il suo addio.

Arrivammo a mezzanotte, mamma conosceva tutte le strade: m'incantava la sicurezza con cui si muoveva in quella città immensa. Ci portò a casa di una cugina: lei era fuori città, c'era solo il marito, che comunque ci ospitò per la notte. L'indomani andammo dalla zia Gudò, che viveva con il marito e tre figli in due stanze. Dopo pochi giorni mamma tornò a Kasur con Kiran e Tina e mi lasciò sola dagli zii. Fu una cattiva idea. La zia beveva forte e tendeva a diventare violenta. Anche il marito beveva e mi abbracciava. Troppo. Avevo anche la sensazione che la zia mi spingesse verso di lui. Una sera insistettero perché bevessi una Coca con vodka e il giorno dopo mi svegliai con la faccia gonfia. Chissà che cosa avevano messo in quel bicchiere.

Dopo qualche giorno Tina tornò da Kasur e quando gli raccontai quello che succedeva lui disse: «Potremmo andare da Auntie Chia». Era una parente di mamma che chiamavamo *auntie*, zia in inglese. Una donna simpatica, furba, che nella vita ha imparato a cavarsela. Viveva col marito e cinque figli in due stanze, noi dormivano dove capitava, con chi capitava: ma non stavamo male. Una figlia di Auntie Chia, Nazia, una bruttina sexy, faceva la danzatrice: io cominciai ad andare con lei al Sangeet Mahal, il «Palazzo del canto e del ballo», un edificio di cinque piani dove gli uomini vanno per vedere le danzatrici e buttano i soldi ai loro piedi. Le danzatrici non devono piegarsi a raccoglierli, lo fa un inserviente che al termine della serata divide equamente la somma: più soldi a quelle più brave e più richieste, poche rupie alle principianti come me. Non avevo ancora imparato a ballare bene e mi truccavo come un pagliaccio, la cipria bianca e le ciglia finte, un vero disastro.

Ma nonostante tutto ci fu un ragazzo che mi guardò. Aveva sì e no vent'anni, era in compagnia di un gruppo di amici, si chiamava Shokat. Dopo due o tre sere che mi guardava senza aprire bocca, mi chiese di danzare per lui, ma dopo poco mi disse di smettere: mi buttò un po' di rupie e se ne andò. Che frustrazione! Ma tornò e poi tornò ancora e alla fine confessò: «Non ho soldi, ma vado via qualche giorno e porterò il denaro». Tornò l'indomani, guardò ballare le altre, buttò a loro le banconote da cento rupie, a me neanche uno sguardo. Alla fine della serata Shokat mi chiamò fuori, mi mise in mano mille rupie e scappò via. A me batteva forte il cuore.

Continuai a ballare: senza grande successo, ma migliorando un po', giorno per giorno. Nella danza, nel trucco, anche nel fisico. Mi sviluppai, ingrassai di un paio di chili, il mio torace cominciava a non essere più totalmente piatto. Una sera arrivò un signore elegante, un po' brillo, che conosceva tutte le ragazze. Si chiamava Hemat. «E questa chi è?» chiese guardando verso di me. «Fakhra» gli risposero. «La voglio portare via» disse lui. «Non è possibile, è vergine.» «Allora no, se è vergine no.»

Trascorse qualche giorno. Un pomeriggio in cui l'aria era dolce, non era né caldo né freddo, forse era il mese di settembre e io stavo facendo il pane, Hemat si presentò a casa di mia zia, chiedendole una ragazza per fare sesso. Auntie Chia si premurò d'accontentarlo e telefonò a una certa Goga che bella non era di certo. Era poco più di una nana e aveva anche i denti in fuori. Hemat rimandò indietro Goga e disse a mia zia che era me che voleva. Auntie ripeté il divieto: «Non si può, è vergine».

«Almeno invitarla a cena: vuoi venire a cena con me, Fakhra?»

«Perché non vieni invece a vedermi ballare?»

«Non mi piace veder ballare.»

«E a me non piace andare a cena.»

E per quel giorno fu tutto, ma la sera dopo me lo trovai di fronte al Sangeet Mahal. «Canta soltanto» disse buttandomi i soldi. Mi ascoltò fino alla fine, poi se ne andò via

Il giorno dopo telefonò a Auntie Chia: «Voglio la prima notte di questa ragazza». Era una decisione troppo importante perché Auntie la prendesse da sola, perciò ne parlò con mamma, che appena ricevuti i pochi soldi che le avevo mandato era tornata a Karachi. «Come vuole Fakhra» rispose lei. Quando lo chiesero a me io risposi con una domanda: «Con i soldi che mi darà posso comprare una casa?».

Mamma non rispose.

Hemat

Era mattina quando dissi di sì: la mia verginità in cambio della speranza di una casa. Ho saputo in seguito che il prezzo era stato duecentomila rupie: molto, è vero, ma non certo abbastanza per comprare una vera casa come la sognavo io. Denaro che comunque io non vidi mai e le cui briciole servirono a comprarmi vestiti e gioielli: un investimento, dal punto di vista della mia famiglia.

Hemat sarebbe tornato alle sette. La zia mi spiegò che mi dovevo depilare tutta – ascelle e pube – ma non con il rasoio, perché l'islam ce lo vieta, con una crema. Un compito che ho eseguito con impegno, ho anche strappato, legandolo a un filo, qualche pelo che era scappato alla pulizia. Poi mi sono spruzzata profumo su tutto il corpo, un po' troppo, probabilmente, mi sono truccata, anche in questo caso senza risparmio, e mi sono messa un vestito rosso, il colore del matrimonio. Ero pronta.

E avevo molta paura. Anche perché non sapevo esattamente cosa sarebbe successo. Le ragazze che conoscevo parlavano spesso di sesso e dicevano che la prima volta fa un po' male. «Quanto male?» chiedevo io. Ma loro ridevano e non spiegavano niente, sfuggivano dicendo che ero troppo piccola per sapere certe cose.

Hemat telefonò alle cinque e disse che ero davvero troppo

piccola, che rinunciava alla notte con me. Mi sentii sollevata: andai a lavarmi la faccia e mi misi a guardare la tivù. La zia invece era costernata. Hemat la mattina aveva già dato l'anticipo e aveva anche pagato cinquantamila rupie alla polizia. In teoria nel nostro paese un uomo non può fare sesso con una donna se i due non sono sposati: questo significa, nella pratica, che per andare con una donna adulta bisogna dare mille rupie alla stazione di polizia, per la prima volta di una bambina molto di più.

In casa tutti furono del parere che una rinuncia dopo aver pagato l'anticipo porta male. Male a chi, a cosa, non so. In Pakistan ci sono molte superstizioni. Si crede per esempio che se ti trema l'occhio sinistro sono in arrivo guai, se ti prude la mano destra stai per spendere molti soldi, se ti prude la sinistra i soldi stanno per arrivare a te. E il gatto nero porta male, su questo sono tutti d'accordo, perché si racconta che lo *hamam* (santo) Azurnabipak, che amava i gatti al punto che li percuoteva solo con batuffoli di cotone, un giorno si arrabbiò terribilmente con un gatto nero perché lo vide mangiare un topo, animale immondo. Io non credo a queste cose, però so quasi tutto prima degli altri. Io so, per esempio, se stanno per arrivarmi soldi, o se qualcuno cui tengo molto sta per telefonare, o se una persona che mi è vicina sta per morire.

La sera, come quasi ogni sera, sono andata a ballare. C'era Shokat e questo mi ha fatto piacere: quando lo vedevo mi batteva forte il cuore. Naturalmente non glielo facevo capire: tra noi c'era un gioco di occhiate e lui guardava anche ragazze più belle, ma se mi voltavo di scatto trovavo sempre i suoi occhi su di me. Qualche giorno dopo disse a mia cugina Nazia che voleva fare sesso con me, lei girò la richiesta a Auntie Chia e mia zia disse di no. Perché? Questo l'ho capito parecchio tempo dopo. Perché aveva paura che m'innamorassi e volessi scappare con lui. Le ballerine ricevono sempre richieste di sesso ma non sono libere di scegliere: sono le famiglie a contrattare il prezzo e rifiutano i giovani, specie se sono belli, perché hanno paura che le ragazze s'innamorino. E allora addio gallina dalle uova d'oro: perché ogni notte ha un prezzo, non solo la prima.

Peccato: a me sarebbe piaciuto fare sesso la prima volta con Shokat. Invece dopo qualche giorno tornò Hemat. Era un giovedì pomeriggio e la zia mi disse: «Vestiti, andiamo a fare shopping con Hemat». Indossai un normale *shelwar kamiz* nero ma per non sfigurare mi misi due palloncini nel reggiseno, così tutti potevano credere che io avessi già le tette. Ci incamminammo – Auntie Chia, io, mia sorella Kiran, mia cugina Nazia e la sua sorellina Rabia – verso il luogo dell'appuntamento, che era davanti alla moschea Shabukari dove ogni giovedì andavo a pregare. Lui ci aspettava dentro la sua macchina nera. Io stavo per sedermi dietro, ma Auntie Chia mi fermò: «No, siediti davanti». Strano. La macchina era piena di fiori ed era stata lucidata con olio profumato: strano. Andammo all'Hotel Sheraton e salimmo tutti in una stanza. Fu a quel punto che Auntie Chia disse: «Tu stanotte stai con lui». Non me l'aspettavo, devo aver fatto la faccia sgomenta perché la zia, forse per prevenire un mio rifiuto, telefonò a mamma e le chiese di parlarmi. Mamma piangeva e mi disse: «Fakhra, se non vuoi, torna a casa». Io ci pensai solo qualche secondo e dissi: «Lo voglio».

Il desiderio del denaro – della libertà che può dare il denaro – fu più forte della paura.

Nel 2004 il reddito dei pakistani è aumentato (!), arrivando a toccare i seicento dollari all'anno pro capite, meno di due dollari al giorno per persona, ma il trentacinque per cento della popolazione resta al di sotto della soglia di povertà. I giornali avvertono anche che sono in aumento – oltre cinquecento in un anno, quelli dichiarati – i suicidi per disperazione da miseria. Spesso un motivo in più di disperazione per le famiglie povere è la fuga dei loro figli bambini. Stanchi di privazioni, di genitori drogati, di fame vera e propria, i bambini scappano da casa: secondo un'indagine dell'Edhi Trust sono tra i trentamila e i cinquantamila ogni anno. E inevitabilmente finiscono dalla padella nella brace: sui marciapiedi delle città, questuanti, ladruncoli, prostituti, o nelle mani della criminalità organizzata. E di qui in prigione. In teoria i bambini non dovrebbero essere detenuti insieme con gli adulti, ma un'inchiesta svolta dal Legal Aid Cell nel 2002 ha trovato cinquemila minorenni di sesso maschile nelle prigioni comuni. Con quali conseguenze si può facilmente immaginare.

Abdul Sattar Edhi è famoso in Pakistan quanto Madre Teresa lo è stata in India. In gran parte con le sue sole forze (in un secondo tempo anche con donazioni private) è riuscito a mettere in piedi una fondazione per l'assistenza medica e sociale dei poveri. Dispensari, ospedali, banche del sangue, servizi di ambulanze, servizi mortuari per i cadaveri non riconosciuti, ostelli per bambini abbandonati e molto altro ancora fanno capo alla Edhi Foundation.

Così Hemat e io siamo andati in una stanza, mia zia e suo marito in un'altra, le ragazze a casa. «Qualsiasi cosa, chiamami» disse Nazia prima di lasciarmi. Hemat volle farmi mangiare, ordinò una zuppa, ma io avevo lo stomaco chiuso e mi limitai a bere birra. Lui whisky. Io avevo voglia di guardare la tivù, lui invece voleva toccarmi e questo mi dava fastidio. Andai in bagno e mi tolsi i palloncini dal reggiseno: per nasconderli li buttai sopra il condizionatore che stava su, in alto. Tornai nella stanza. «Spogliati» mi disse. «No, no, no, no» ribattei io. Lui insisteva, io telefonai a Nazia. «Vuole che mi spogli, cosa devo fare?» Lei mi rispose con una parola sola: «Stupida». Contrattai con Hemat: mi sarei spogliata se lui avesse spento le luci. Accettò. E mi fu sopra. Mi fece un male terribile, gridavo, ma lui non si fermò. Gli diedi un pugno nella pancia, ma non si fermò lo stesso. Scappai in bagno, ero piena di sangue e avevo così male che persino l'acqua mi bruciava. Piangevo, volevo andarmene. «Ancora una volta» pregava Hemat. Ma io presi il telefono e chiamai Auntie Chia nella sua stanza: accettò di riportarmi a casa. Erano le quattro di mattina, ma erano tutti svegli e allegri, avevano voglia di parlare, mi dicevano: «Ora sei diventata una donna». Io morivo di vergogna e pensavo solo al dolore terribile che avevo, che m'invadeva la pancia e le gambe.

Il mattino dopo Nazia mi portò dalla dottoressa, una ginecologa che disse che quello che era successo la sera prima era pericoloso perché io ero troppo piccola. Disse anche di non farlo più e di mettermi un cuscino sotto, quando mi sedevo. Ma mentre eravamo fuori Hemat aveva telefonato dicendo che mi voleva anche quella notte. La zia, non trovandomi, si era irritata e io per questo presi due schiaffi. «Credi forse di essere diventata grande e poter fare di testa tua solo perché hai fatto sesso una notte?» Non era sempre logica Auntie Chia in quello che diceva.

Con un bel po' di malinconia addosso, andai a fare la doccia per poter ripetere cinque volte il rito di purificazione, come fanno tutti, uomini e donne, dopo aver fatto sesso: «*Laa ilaha illa allahu, na Muhammad rasul allahi*». Mi ero appena purificata che tornò Hemat: i suoi baci erano troppo forti, mi davano fastidio e il sesso fu un tormento peggiore della notte precedente. Io urlavo e lui continuava, sempre più forte.

Quando ebbe finito mi diede duemila rupie per l'henné. Perché mi dipingessi le mani, come si fa per il matrimonio. Era un gesto gentile ed era tanto denaro, ma stavo troppo male per essere contenta di avere tutti quei soldi. Li consegnai a Auntie Chia, che in quei giorni si sfogò in uno shopping sontuoso: vestiti nuovi per me e per Nazia e oro – bracciali, collane, orecchini, *pail* (cerchi da mettere alle caviglie) – perché l'oro è importante, è il regalo degli amanti, quindi per una donna è la prova che sa fare sesso molto bene. In quei giorni avevamo soldi in abbondanza perché Hemat tornava ogni notte e ogni notte pagava cinquantamila rupie per me e mille le dava alla polizia. Era un uomo al quale il denaro non mancava: era il capo della dogana dell'aeroporto, aveva anche quattro negozi, librerie e blockbuster, cambiava macchina ogni quattro o cinque mesi. Aveva una moglie e tre figli, il maggiore dei quali aveva la mia età, tredici anni.

Hemat era anche un uomo di bell'aspetto, molte donne lo trovavano affascinante e, dopo quelle prime due terribili notti, fu sempre gentile con me: non mi obbligava a fare sesso se io non volevo, mi faceva molti regali e mi prendeva amabilmente in giro per il fatto che non mi fossero ancora spuntate le tette. Devo dire che la mia vita migliorò notevolmente dopo l'incontro con lui. Mi aiutò anche quando gli dissi che non volevo più vivere nella casa di Auntie Chia, dove lei e mamma litigavano continuamente. Presi in affitto una camera con cucina e bagno, comprai due materassi, un tavolo e un tappeto e ci trasferimmo tutti e quattro: mamma, Kiran, Tina e io. Non era molto rispetto alla casa che sognavo, con una stanza per ogni cosa da fare: cucinare, dormire, ballare, vestirsi. Ma avrebbe potuto essere una buona casa dove vivere tranquilli se mamma non avesse chiamato la sorella di Auntie Chia, Huma, a vivere con noi. Era una donna vecchia con un amante giovane, autoritaria, con la mania degli orari rigidi e degli insegnamenti di sesso: insopportabile. Ed era a lei che dovevo consegnare i soldi che prendevo da Hemat notte dopo notte.

Io intanto continuavo a ballare, mi piaceva moltissimo. Prendevo lezioni e continuavo a migliorare, gli uomini ormai mi ammiravano. Anche Shokat mi guardava con occhi diversi, forse perché Nazia aveva tradito il mio segreto e gli aveva detto che ero stata di Hemat. Mi disse che mi desiderava e il mio cuore batteva forte per lui. Una sera mi portò in una casa, ma lui si mise a piangere e accarezzandomi mi diceva: «Sei troppo piccola». Io ero emozionata e mi vergognavo troppo per prendere l'iniziativa di baciarlo. Non successe niente, né quella sera né mai: qualche volta siamo usciti insieme con Nazia e un suo amico, abbiamo continuato a guardarci con tenerezza per quasi un anno, finché lui s'innamorò di un'altra ragazza e non lo vidi più.

Mese dopo mese il tempo passava. Continuavo a stare con Hemat, avevo ormai quindici anni, avevo messo su qualche chilo, finalmente avevo anche un po' di seno, passai a una casa più grande, di due stanze, e Hemat veniva spesso a cucinare per me e per la mia famiglia, ci faceva sempre la zuppa di gallina: non di pollo, il pollo è cosa da poveri in Pakistan. I soldi che mi dava transitavano molto brevemente per le mie mani e in quelle di mia madre sparivano in eroina. Mio fratello cominciò a sembrarmi strano, era indifferente a tutto, spesso assopito: capii più tardi che aveva preso a drogarsi.

Anch'io mi sentivo strana, ma con sintomi diversi: improvvisamente mi sparì l'appetito, non c'era più niente che mi piacesse, avrei fatto volentieri a meno di mangiare. Ma non ebbi il tempo di pensare ai miei disturbi perché improvvisamente morì la nonna e dovemmo andare tutti a Kasur.

Dei 159 milioni di persone di cui, secondo le stime della CIA *(basate sull'ultimo censimento, fatto nel 1981), è composta la popolazione pakistana il quaranta per cento ha meno di quattordici anni, mentre gli anziani, dai sessantacinque anni in su, costituiscono appena il quattro per cento. La quantità di bambini e di ragazzi che giocano o mendicano per strada è qualcosa che colpisce immediatamente chi arriva dall'Europa, mentre è raro vedere vecchi. Le aspettative di vita sono molto inferiori a quelle occidentali, perciò le persone anziane sono amate e rispettate e quando ne muore una la sua scomparsa viene solennizzata più di quella di un bambino.*

C'è il ricordo di un odore che mi perseguita: quello di sapone misto a olio profumato, a incenso e rose. Il sapone e l'olio servirono per lavare il corpo della nonna, l'incenso era stato acceso in tutte le stanze e la casa era piena di rose bianche e rosse. Da quel giorno non posso più sopportare il profumo delle rose.

In Pakistan quando muore una persona che ha più di cento anni si fa una festa e nessuno deve piangere. Ma la nonna ne aveva forse meno di sessanta (da noi quasi nessuno sa esattamente la propria età perché non c'è l'abitudine di registrare le nascite in un ufficio speciale) e per lei ci furono molte lacrime. Un funerale a una persona di famiglia è un grande impegno, in Pakistan, ed è anche molto costoso. Dopo sette giorni dalla sepoltura si deve offrire un ricco pranzo a parenti e amici, un centinaio di persone, e questo banchetto deve essere ripetuto al quattordicesimo, trentesimo e quarantesimo giorno. E poi dopo un anno, nell'anniversario della morte, si fa una grande festa e i convitati vengono da tutto il Pakistan.

Quando ci si ritrova subito dopo il lutto non tutti si vestono di nero, ma è buona educazione scegliere il bianco o i colori scuri – soprattutto mai il rosso! – ed evitare gioielli e trucco. È consuetudine per i visitatori portare cibi pronti perché per quaranta giorni non si può accendere il fuoco nella casa dove c'è stata una morte: esistono comunque negozi specializzati nel preparare cibo per le famiglie in lutto. Anche perché un altro obbligo che ci impone la nostra religione è di dare da mangiare a centouno poveri per un mese e un giorno e senza questi negozi non sarebbe possibile: qualcuno di questi mendicanti viene a casa a prendersi il cibo, ma tocca comunque a noi portarlo alla moschea dove si radunano i più disgraziati. Alla moschea andiamo ogni giorno per pregare e per prendere scatole di semi di dattero che poi a casa rovesciamo su un tappeto tra i parenti in circolo. Ognuno raccoglie un seme e recita una *sura* del Corano; e quando sono finiti i semi si ricomincia daccapo. Fino a che, il quarantesimo giorno, non viene spenta la candela che è stata accesa nel luogo dove il corpo è stato lavato.

Anche la nonna era stata ballerina, ma lo era diventata per caso. Anche lei, come me, era nata da una madre che non proteggeva i suoi figli ed era una sorella maggiore, Beshira, che si prendeva cura di lei. Erano nate in India, a Calcutta, e il suo paese doveva essere rimasto nel cuore di mia nonna perché trasmise a mia madre, che poi lo ha passato a me, il desiderio di andare ogni tanto a pregare in un tempio indù. Anch'io sono andata molte volte in un *mander*: all'inizio tutte quelle statue di animali mi facevano un po' paura, poi però mi entrava dentro una grande sensazione di serenità. Gli inservienti del tempio mi offrivano da mangiare riso e cipolla e io ero in pace, anche se sapevo che per i musulmani è pericoloso andare nei templi indù, si rischia la vita.

Un giorno, quando le due sorelle erano ancora in India, andarono a vedere uno spettacolo di danza: si esibiva una ballerina che doveva poi diventare celebre come cantante col nome di Madam Noor Jehan. Mia nonna mi raccontava che sua sorella era bellissima e i capelli le arrivavano fino ai polpacci.

Noor Jehan ha goduto in Pakistan e in India di una popolarità straordinaria, come una Callas e una Fitzgerald messe insieme. È stata capace infatti di sovrapporre a tecniche di canto tradizionale la sensibilità e il gusto moderni, aggiungendovi la grande promozione del cinema che fece di lei una vera diva.

Nata nel 1926, incise il primo disco quando aveva cinque anni, girò il primo film a dodici, in seguito ne fece moltissimi altri in alcuni dei quali fu anche regista. Visse e lavorò sia in India sia in Pakistan, cioè in due paesi profondamente nemici, ma, come scrisse un giornale indiano: «Le frontiere si annullano quando una cantante conquista i cuori al di qua e al di là della linea di confine».

Madam Noor Jehan è morta a settantaquattro anni ed è stato lo stesso presidente Musharraf a tributarle il titolo di «Regina della melodia».

Noor Jehan pensò che Beshira poteva essere una buona moglie per suo fratello: «Un uomo bello, nobile e ricco» le disse. Dovette essere per la ragazza indiana un'amara delusione accorgersi di essere stata ingannata. Passò da Calcutta a Kasur, dalla relativa agiatezza di una famiglia di zingari che rubavano ai ricchi per dare ai poveri alle ristrettezze della famiglia del marito, che non era né nobile né ricca e viveva del denaro guadagnato dalle figlie che facevano spettacolo. Lei stessa, abituata a portare il velo, fu costretta a esibirsi come danzatrice di fronte a uomini sconosciuti. Forse fu per questo che si ammalò e ancora giovane morì di tumore.

A quei tempi tuttavia le ballerine erano più rispettate di oggi: danzare non significava ricevere automaticamente proposte sessuali. Al contrario, era consuetudine che gli uomini ricchi mandassero le donne di casa a imparare dalle ballerine l'arte di comportarsi amabilmente con gli uomini. Ovviamente anche per mia nonna la strada era segnata: la fecero sposare con il cognato, il fratello del marito di Beshira, e diventare danzatrice. Non era particolarmente brava, ballò fino a trentacinque anni, ebbe quattro figli, divorziò ed ebbe altri tre figli dal compagno. Negli ultimi tempi prima di morire era venuta ad abitare da me a Karachi: tremava tutta, si faceva pipì addosso, io la lavavo, lei mi era molto grata per questo e mi diceva sempre: «La tua vita cambierà molto». Non avrei mai immaginato quanto.

La prima assenza del ciclo la attribuii al cambiamento di clima, da Karachi a Kasur. La seconda mi passò inosservata nel trambusto per la morte della nonna. Alla terza cominciai a preoccuparmi e decisi di tornare a casa. Ma non c'erano più soldi: spariti, prosciugati dal funerale o forse anche diventati polvere per mia madre. Vendetti una catenina d'oro per pagare il biglietto del treno. Kiran, previdente, aveva nascosto diecimila rupie sotto il tappeto di casa, a Karachi.

Mi sembrava ovvio cercare di abortire: lo avevo visto fare tante volte a mia madre. Il primo rimedio che mi fu consigliato – far bollire a lungo due litri di latte con i datteri, finché il tutto sia ridotto a un bicchiere, da bere d'un fiato – non servì assolutamente a nulla. A Karachi un dottore mi diede delle pillole, che io presi in dose molto più massiccia di quella prescritta: ma anche quelle non fecero effetto. Mentre continuavo a cercare un sistema per abortire ripresi a ballare. Dopo pochi giorni dal mio ritorno da Kasur fui invitata a danzare in una casa privata per la festa offerta da un uomo potente, un avvocato che faceva parte del governo di Benazir Bhutto. Erano bei tempi quelli di Benazir, c'era più libertà, non c'erano tutte quelle proibizioni che sono state imposte dopo. E lei era una donna buona, ne parlavano bene tutti quelli che lavoravano per lei. Una donna dolce, anche nel suo buffo modo di parlare: è cresciuta in America e non parla bene l'urdu, anche quando deve dire solo *salaam alaikum* scivola via sulle parole.

L'avvocato, un uomo anziano, elegante, mandò il segretario a dirmi che desiderava fare sesso con me. Rifiutai con garbo, il segretario mi pregò di andare nella stanza dove si trovava l'avvocato per parlargli. Ma non era di parole che aveva voglia.

Scappai dalla stanza, tre sue guardie mi furono addosso, il primo ceffone che ricevetti mi fece quasi cadere per terra, ma poi venne il peggio: mi violentarono tutti e tre, quando riuscii a liberarmi corsi in strada per prendere un taxi. Ricordo che ero a piedi nudi e in lacrime. L'indomani mattina andai in clinica. La dottoressa mi disse che era tutto a posto ma che non avrei più potuto abortire, la gestazione era troppo avanzata.

Così, a quindici anni e al quinto mese di gravidanza, accettai finalmente l'idea che di lì a poco avrei avuto un bambino. Mia zia Alia si incaricò di avvertire Hemat, che subito mi venne a prendere e mi fece lasciare il ballo: abbiamo passato tutta la notte insieme, chiacchierando, e lui mi abbracciava da dietro, per non dar fastidio al bambino. Era stato sempre paterno con me, da quel giorno lo diventò ancora di più. Io invece qualche volta ero cattiva con lui e lo picchiavo. Lui rideva e non ha mai alzato le mani su di me.

Era un uomo che mangiava molto poco, ma amava far mangiare gli altri e farli stare bene. Dal giorno in cui l'ho conosciuto non ho più bevuto acqua del rubinetto, sempre e solo acqua minerale. Voleva per me tutte le delicatezze, i cibi più raffinati, i ristoranti più eleganti. Ricordo una sera a Merin, una località di montagna vicino a Karachi: eravamo seduti a cena e fuori nevicava. Era molto romantico, mi proponevano i piatti più ricchi ma da quando ero incinta io avevo voglia solo di verdure e chiedevo cibo cinese o indiano. A volte Hemat mi portava con sé nei suoi viaggi di lavoro: una volta mi venne a prendere in gran fretta per andare a Islamabad, non mi diede neppure il tempo di preparare una borsa. La sera tornò in albergo seguito da un commesso con le braccia cariche di vestiti che aveva comprato per me. La sua tenerezza per me arrivava al punto di massaggiarmi la pancia con l'olio ogni sera e di portarmi un bicchiere di latte prima di dormire.

Era indulgente persino con i miei capricci. Con mia cugina Nazia avevamo ingaggiato una stupida gara a chi aveva i vestiti più belli, gli oggetti più eleganti. Un giorno che ero imbronciata perché Nazia aveva esibito un orologio da cinquecentomila rupie, lui mi disse: «Vieni, andiamo a comprare la frutta». Si fermò con la macchina proprio davanti al mercato, mi disse di aspettarlo là e ritornò poco dopo con un orologio che costava tre volte quello di Nazia.

L'affetto e la stima con cui Fakhra ancora oggi parla di Hemat, morto ormai da qualche anno, fanno riflettere. Un po' Humbert Humbert un po' Pigmalione, Hemat è stato un uomo che, in una società in cui una donna è considerata proprietà del padre o del marito (e quanto più ancora di chi l'ha comprata!), è andato controcorrente: non solo creando una famiglia parallela, fatta di preparazione di zuppe e di gite con le amiche bambine di Fakhra, ma anche in seguito, dopo la separazione, assumendosi la responsabilità nei confronti del figlio. Tanto più singolare questo comportamento, se si pensa che la tradizione pakistana non garantisce diritti alle donne. E alle vecchie leggi tribali sono state aggiunte in anni recenti le dure prescrizioni della legge islamica, anche se il tono scandalizzato con cui i giornali e la televisione registrano i delitti d'onore, i matrimoni di compensazione (un uomo che ha ucciso un altro uomo dà in sposa la figlia o una sorella al parente più prossimo del morto), o le aggressioni con l'acido lascia pensare che una parte della società non sia più d'accordo con queste pratiche da medioevo.

Mi amava Hemat? Penso di sì. Anche perché un giorno che ebbe un incidente d'auto, dopo essere stato medicato all'ospedale, si fece portare a casa mia. Evidentemente il posto dove si sentiva meglio era vicino a me.

Io no, non lo amavo. Lo rispettavo, non accettavo le proposte di altri uomini, mi rendevo conto che era buono e generoso con me... ma l'amore è un'altra cosa. Forse ero ancora troppo piccola. E lui allora mi sembrava un uomo vecchio: io quindici anni, lui più di cinquanta.

Stavo quasi per compirne sedici quando una sera di maggio Hemat portò me, due mie amiche, mia sorella Kiran e una sua amica a cena fuori. Come sempre volle che mangiassi gallina, diceva che mi avrebbe dato energia. C'era qualche preoccupazione per il parto che si annunciava prossimo: il bambino era molto grosso e il mio bacino molto piccolo. Il dottore temeva che sarebbe stato necessario un intervento. Mi sentivo stanca quella sera, e strana. Ma arrivata a casa mi misi a fare le pulizie e poi mi venne ancora fame: Kiran mi diede una tazza di latte caldo con le mele e andai a dormire.

Come ho già detto, Kiran è stata per me una buona sorella e ancora oggi ci telefoniamo spesso: sono felice quando ascolto la sua voce ormai così lontana. E tuttavia in quei mesi in cui Nauman cresceva nella mia pancia Kiran mi diede un grande dolore. Io avevo sempre sperato per lei un futuro diverso dal mio: volevo che studiasse, per questo le avevo preso un insegnante che veniva a casa tre volte alla settimana, e speravo che un giorno avrebbe sposato un bravo ragazzo. Invece lei si innamorò di Irfàn, che sarebbe poi diventato suo marito, un perdigiorno che Kiran manteneva rubando i soldi che le affidavo per le spese di casa. Piansi molto e la picchiai anche: ma lei era troppo innamorata per intendere ragione.

Quella notte tra il 18 e il 19 maggio mi svegliai tutta sudata che era ancora buio. Capii che si stava avvicinando il momento. Aspettai le otto di mattina per svegliare Kiran e dovetti darle uno schiaffo perché si decidesse ad aprire gli occhi. Finalmente riuscimmo – lei, mio fratello Tina, mia madre e io – a prendere un taxi per andare in clinica. Il dottore disse che il bambino sarebbe nato verso le dieci di mattina – mia madre si mise subito a leggere il Corano a voce alta – ma Nauman vide la luce solo alle due del pomeriggio di giovedì 19 maggio. Pesava tre chili ed era bello e roseo: io ebbi cinquantacinque punti. Aveva anche due particolarità che mia madre notò immediatamente: un segno – una sottile linea rossa, *mehram*, che gli attraversava verticalmente la fronte – e l'assenza del prepuzio: come se fosse nato già circonciso. Mi disse subito che tutto ciò significava che Nauman era un bambino assolutamente speciale. Infatti dimostrò presto di essere diverso dai suoi coetanei: è sempre stato più maturo, più forte nell'affrontare le difficoltà. Io credo sempre a tutto quello che Nauman mi dice, perché lui è un figlio speciale.

Hemat arrivò poco dopo il parto portando tre anelli con piccoli brillanti da mettere alle mani del bambino, secondo la tradizione, e una enorme quantità di zuppa per me e per chi veniva a visitarmi, diede grandi mance alle infermiere e prese una stanza per mamma e per Kiran. Quando tornai a casa con Nauman trovai una quantità di vestitini che venivano da Londra e da Parigi, una culla elettronica che riproduceva il movimento delle braccia di una mamma, una carrozzina e un meraviglioso cestino per neonati.

Poco tempo dopo la nascita di Nauman comprai una casa e ci trasferimmo tutti a Napier Road, la zona abitata dalle danzatrici: un luogo dove c'era sempre movimento e i negozi erano aperti anche la notte. Non più, mi dice Kiran: nonostante l'avanzata degli islamici, l'alcol e la droga si sono spaventosamente diffusi, i negozi devono chiudere presto e la polizia controlla le strade per evitare le violenze.

Finalmente il mio sogno si realizzava: questa casa era più grande e più bella, aveva due stanze da letto, un grande soggiorno, due bagni, cucina e dispensa, aria condizionata e pavimenti di marmo. La mia stanza era color panna e al muro avevo messo grandi fotografie mie. Nauman non aveva una sua stanza: dormiva con chi capitava, ai bambini non piace dormire da soli. È stata, quella, una casa felice.

Per il primo compleanno di mio figlio abbiamo deciso di fare una grande festa invitando parenti e amici. Due giorni prima ho aperto il cassetto dove tenevo i soldi e i gioielli e l'ho trovato vuoto. Era stato Tina. Ho avuto con lui una lite terribile: era un bravo ragazzo, ma tutti quelli che prendono eroina diventano come tigri quando hanno bisogno di una dose. Anche Tina in certi momenti diventava una tigre.

Tra gioie e dolori, dopo la nascita di Nauman la vita aveva ripreso il suo corso. Io continuavo a ballare e guadagnavo bene, Hemat da tempo non mi pagava più notte per notte, ma non mi faceva mancare niente. Con lui ho viaggiato in aereo la prima volta, ho mangiato l'aragosta, lui mi ha insegnato a camminare, a parlare, a mangiare con la forchetta e anche con le bacchette quando andavamo nei ristoranti cinesi. Ho imparato a comportarmi come una principessa quando andavamo in posti eleganti: ma spesso ci piaceva fare picnic nella sua casa al mare. Venivano anche le mie amiche con i loro bambini, portavamo birra, riso, frutta. E se cominciava a piovere eravamo ancora più felici. Noi, in Pakistan, preferiamo andare al mare quando è brutto tempo, così non c'è rischio di abbronzarsi: per noi la pelle chiara è un segno di distinzione ed è anche la prima condizione per essere giudicate belle.

Una brutta sera d'inverno Hemat ci portò al ristorante: eravamo Kiran, mio cugino Naved, fratello di Nazia, e Nauman di pochi mesi, che io tenevo in braccio. A un tratto Hemat si accorse che a un tavolo poco distante c'era una bella signora con un sari giallo: era sua moglie, con i figli. Si alzò dal nostro tavolo per andare da loro e non torno più. Quella sera cominciò a farsi strada in me la decisione di lasciarlo.

Poco dopo il mio arrivo a Roma, un pomeriggio una telefonata di mio cognato Puli dal Pakistan mi ha annunciato la sua morte. Ho pianto tanto e ho chiesto perdono a Dio per il dolore che gli avevo dato.

INTERMEZZO

Io, Kajal

Sola. E contenta di esserlo.

A sedici anni mi sono ritrovata padrona della mia vita. Piena di dubbi – avevo fatto bene o male a lasciare Hemat? – ma al centro di un piccolo mondo che dipendeva da me: mio figlio, mia madre, mia sorella, mio fratello, le persone di servizio. Quindi mai veramente sola, anzi, sempre con diverse persone intorno, e con la precisa sensazione di avere la vita davanti a me. Una mela ancora da mordere, tante storie ancora da vivere e scelte ancora da fare.

Alle mie spalle, sempre pronto a intervenire, c'era ancora Hemat. Aveva pianto tanto quando gli avevo detto che non volevo più stare con lui – in Pakistan gli uomini piangono se hanno un dolore, cosa c'è di strano? – continuavamo a vederci, lui colmava di regali il nostro bambino e mi faceva prediche come avrebbe fatto un buon padre: «Non voglio che tu diventi come Nazia» mi diceva. Ormai tutti sapevano che mia cugina aveva cento amanti.

Ma la vita bussava con forza alla mia porta. Ero diventata bella, me lo dicevano tutti e mi piaceva vestire bene, essere ogni giorno una persona diversa: avevo fatto diventare castano chiaro i miei capelli neri e portavo spesso lenti a contatto colorate per avere gli occhi chiari. Usavo i vestiti due o tre volte, poi li regalavo o li buttavo via.

In quel periodo, anche per allontanarmi da Hemat, decisi di accettare un'offerta che mi era stata fatta più di una volta, quella di andare qualche settimana a Dubai a ballare in un grande albergo. Dicono che sia il più lussuoso del mondo, sorge come una grande vela dal mare. L'arrivo in aeroporto è stato emozionante: è un edificio grandissimo a molti piani e ci sono palme vere dentro le sale d'imbarco. Eravamo otto ballerine, due cantanti e quattro musicisti, due tamburi, un *baja* (un piccolo pianoforte) e uno strumento a corde pizzicate che si chiama *shisha.* A Karachi ballavo quasi sempre con musica registrata, a me piacevano soprattutto brani sentimentali per i quali è molto importante il linguaggio delle mani: con le mani si può dire «pioggia», «lacrime», «vergogna», qualsiasi parola è traducibile con le mani e con i gesti della danza si può raccontare tutta una storia. La bravura di una ballerina sta sia nel far capire la storia sia nel farlo con gesti eleganti, a tempo con la musica.

Il viaggio era stato organizzato da Papoo, un mio parente avido di soldi, che ci aveva promesso grandi guadagni: alla fine del viaggio, detratte le spese e la sua esosa percentuale, ci sono rimaste poche rupie. E il soggiorno a Dubai si è rivelato una galera.

Eravamo tre o quattro ragazze in ogni stanza, dovevamo scendere in sala alle nove di sera per cominciare lo spettacolo di danza alle dieci e si andava avanti fino alle cinque del mattino. Gli uomini ci lanciavano fiori veri o di plastica, che noi poi potevamo cambiare con denaro. Appena tornavamo nelle nostre stanze con le gambe gonfie e doloranti per il peso dei *gungru,* i campanelli che portiamo legati lungo tutto il polpaccio, cominciavano le telefonate degli uomini che cercavano approcci con le ragazze e ci mandavano in camera profumi, vestiti, cibi adagiati su foglie di *pam,* un vegetale molto apprezzato in Pakistan, leggermente stupefacente. O magari una scatola di cioccolatini con dentro un gioiello. Finché eravamo sotto contratto per lo spettacolo di danza non poteva succedere niente, ma al termine di questo periodo avevamo quindici giorni di vacanza. Allora si scatenava il commercio del sesso. Le più desiderate erano le vergini, poco più che bambine. Non ho mai capito perché gli uomini hanno questa mania delle vergini: forse li eccita che sotto ci sia una piccola creatura che grida per il dolore e loro sopra che fanno gli animali. Il contatto però non avviene mai con la ragazza: gli uomini inoltrano la richiesta all'organizzatore che li mette in comunicazione con i genitori, i quali contrattano il prezzo. Per una vergine, anche se è bruttina, si paga fino a trecentomila rupie, circa quattromila e trecento euro: una cifra enorme in quei paesi. Di tutti quei soldi e dei gioielli che riportavamo a casa, regalati anche da uomini che non avevano ottenuto nulla in cambio, a noi ragazze non restava quasi niente: una collana alla mamma che doveva comprare un nuovo frigorifero, una alla zia che aveva un figlio in ospedale, una alla cugina che desiderava un vestito nuovo e così via... Il guadagno di una danzatrice deve essere ripartito in tutta la famiglia.

Tornata a Karachi ho ripreso a frequentare il Palazzo del canto e del ballo, dove Auntie Chia veniva regolarmente. È stata lei a dirmi una sera che c'era un uomo che mi voleva: «È bello, sui trent'anni, vai con lui». «La prossima volta, forse» risposi. A una donna non conviene mai concedersi subito.

Si chiamava Nadim, quell'uomo, ed era sicuramente attraente. L'indomani era di nuovo lì. «Non è possibile, ho il ciclo» gli ho fatto dire. Il giorno successivo sono andata a Kasur, al ritorno mamma mi ha detto che era venuto a cercarmi a casa. Un uomo bello, forse innamorato, sicuramente interessato a me: perché continuare a dirgli di no? La prima volta che ho fatto sesso con lui mi ha dato centomila rupie e quando sono tornata a casa ha telefonato per dirmi: «Mi manchi».

Lo so che in Occidente quando l'amore è legato al denaro si pensa male, ma in Pakistan la questione è più complessa. Esiste la prostituzione vera e propria e in quel caso il patto è ferreo: a ogni incontro l'uomo deve pagare una determinata cifra e la donna non si rifiuta mai. Le danzatrici non sono prostitute, possono accettare o respingere un amante: alcune hanno fatto grandi matrimoni. Da noi i regali costosi sono dichiarazioni d'amore: se una ragazza di buona famiglia non ricevesse frequenti doni di gioielli, o di un'automobile, da parte del suo fidanzato i suoi genitori si preoccuperebbero: «Perché non ti dà niente? Non gli importa nulla di te?». Da noi l'amore si esprime in carati. O anche in biglietti da mille rupie. Quando si fanno regali tra parenti o amici, per esempio in occasione di matrimoni o nascite, è consuetudine regalare denaro, raramente oggetti.

Le frasi appassionate e la generosità di Nadim mi lusingavano. Mi sono accorta subito che potevo chiedere qualsiasi cosa e lui subito mi accontentava. Dicevo «voglio fare shopping» e lui mi accompagnava e comprava vestiti anche per la mia famiglia, gli dicevo «si è rotto il frigo» e poco dopo mi arrivava a casa un frigo nuovo. Quando andavo a Lahore lui mi accompagnava, dormivamo in un grande albergo e al ritorno io portavo con me tre o quattro bambini, figli delle mie zie. Spendeva soldi come fossero foglie.

Presto però ho cominciato a fare i confronti tra lui e Hemat. Anche Hemat era ricco e mi ha trattato come una principessa: ma lui era un uomo di classe, Nadim no. Hemat mi ha insegnato a vivere, ad avere buone maniere, Nadim era figlio di un cambiavalute, una persona di basso livello nella scala sociale.

Con lui sono cambiata e ho imparato il gusto mai sperimentato prima di fare la civetta. O, per meglio dire, un po' facevo la donna e un po' facevo la bambina. Ancora adesso mi piace scherzare con le persone, ma mi rendo conto che con Nadim ci mettevo un pizzico di crudeltà da donna. Gli dicevo, per esempio, «vengo subito da te» e non ci andavo affatto. Mi invitava a cena in qualche lussuoso ristorante e io arrivavo portandomi dietro una decina di amiche mie. Se andavamo a dormire in albergo, quando lui era nudo ed eccitato io scappavo ridendo nel bagno e mi ci chiudevo dentro magari per due ore. Lui mi diceva: «Il mio sogno più grande è quello di sposarti», io lo prendevo in giro e gli mettevo in testa che era brutto. Un momento ero dolce con lui come lo zucchero, il momento dopo lo maltrattavo. E la volta dopo facevo anche peggio. Mi ero resa conto che lui era pazzo di me e spingevo le mie richieste sempre più in là, come se volessi vedere fin dove arrivava il mio potere. Nadim faceva qualsiasi cosa per soddisfare i miei desideri, a volte mi diceva che rubava i soldi al padre per darli a me: e se io non ero contenta lo picchiavo. Ceffoni, non schiaffetti per ridere.

Sono stata con lui due anni, cercando di usare il mio corpo il meno possibile. Povero ragazzo, è stato il mio uomo-oggetto e io lo trattavo male. Ho apprezzato il suo affetto quando mi è stato vicino in ospedale e ha anche aiutato la mia famiglia.

Forse sfogavo su di lui il mio senso di colpa per aver lasciato Hemat, che mi mancava moltissimo. Quando seppe che mi ero messa con Nadim pianse sconsolato. Mi chiese se poteva ancora telefonarmi e io accettai senza esitare. Ma non ho mai pensato di tornare con lui: l'incontro con sua moglie al ristorante aveva rotto per sempre un equilibrio durato anni.

Nella casa di Napier Road la vita scorreva senza drammi ma non senza problemi.

Alla sera io andavo spesso a ballare, più negli alberghi o nelle case delle famiglie ricche che al Palazzo del canto e del ballo: ormai ero una danzatrice nota e potevo scegliere il luogo dove esibirmi. Ero più conosciuta col soprannome di Kajal che con il mio vero nome: perché nell'inutile tentativo di diventare bella come lo era stata mia madre mi mettevo moltissimo kajal (che noi pronunciamo «kàgial») sugli occhi.

Le serate finivano in genere verso le cinque del mattino perciò avevo preso l'abitudine di non andare mai a letto prima dell'alba: e quando non danzavo o non vedevo Nadim rimanevo con le mie amiche a giocare a carte o a *tambòla*, che sarebbe poi la vostra tombola. E di conseguenza non mi alzavo prima dell'una. A volte a svegliarmi era quella che noi chiamavamo Hammà, signora, in realtà la donna di servizio, che veniva a massaggiarmi i piedi, sempre gonfi dopo il ballo, e spesso la mandavo via brontolando: «Vai da Kiran, fammi dormire ancora». Quando mi decidevo ad alzarmi prendevo una tazza di *tchai* – che qui chiamate tè – e biscotti, o gli avanzi della sera prima, oppure carne macinata e piselli, uno dei miei piatti preferiti, che Kiran mi lasciava preparato. Ho sempre mangiato poco e in modo disordinato. È meglio essere magre per ballare.

È stato in quel periodo che ho fatto anche l'attrice per il cinema. Nel primo film, che si intitolava *Il vecchio che fischia*, ero la sorella del protagonista, venivo violentata e poi buttata da un elicottero: mio fratello diventava allora una furia e ammazzava tutti. Brutto film ma periodo allegro, quello della lavorazione, anche se molto faticoso: dovevo uscire di casa la mattina alle otto, un'ora impossibile per me, che magari ero andata a letto tre ore prima, e poi lavorare a lungo sotto il sole.

Poco dopo aver terminato quel primo film ho recitato in teatro, in uno spettacolo tipo *Beautiful*, con mia sorella Kiran che faceva la protagonista mentre io ero la sua donna di servizio che sognava di diventare ballerina. Il secondo film l'ho lasciato a metà perché il regista voleva mettermi le mani addosso. Senza rimpianti, perché il tipo di lavoro che si fa al cinema dà molto meno soddisfazione della danza.

Nauman aveva a quell'epoca due anni. A occuparsi di lui al mattino c'era una ragazza, ma anche mia sorella Kiran, ciò di cui le sono ancora grata. Ma il pomeriggio era tutto per la mamma: coccole e compere. Favole no: non ne conoscevo perché nessuno le aveva mai raccontate a me.

Lo colmavo di giocattoli, come colmavo Kiran di vestiti: mi sembrava di doverlo fare, come se volessi dire a ogni regalo: «Io non vi abbandono». Mi sono sempre sentita responsabile della mia famiglia: ero ancora piccola quando facevo e rifacevo i conti sui soldi che c'erano in casa, mi sembrava che non bastassero mai e mi chiedevo con ansia come fare a guadagnarli. Solo da quando sono in Italia mi sono resa conto che la cosa più importante da dare ai bambini è il tempo.

Mi è sempre piaciuto aiutare gli altri: la Hammà o altre persone che appena conoscevo e venivano a chiedere soldi perché avevano un figlio malato o la figlia che si doveva sposare. Succede spesso alle danzatrici che chi è in difficoltà si rivolga a noi. È una strana posizione la nostra: siamo ammirate e ricercate, gli uomini ci desiderano, i poveri ci benedicono e la gente «per bene» ci tiene alla larga. Qualche ballerina, è vero, fa un buon matrimonio: ma più spesso i genitori ricchi cercano in ogni modo di ostacolare il legame serio di un figlio con una di noi.

Come ho detto, i problemi però non mancavano. Mamma non cercava neppure di uscire dall'eroina e mio fratello Tina, nonostante lo portassi periodicamente in ospedale a disintossicarsi, ricadeva nella droga. Mamma era diventata magra magra: quando aveva preso la droga era gentile e di buon umore, la casa era ben ordinata e magari veniva a proporre di farmi un massaggio ai capelli. Ma quando si avvicinava la crisi di astinenza mi parlava con cattiveria: «Tu non fai niente per noi» mi diceva. «Le tue cugine vivono per le loro famiglie, tu hai comprato questa casa ma poi te ne lavi le mani, vivi solo per te». E dopo se ne andava da casa e stava via due o tre giorni. Io piangevo, mi strappavo i capelli, mi davo schiaffi da sola. Ero divorata dall'angoscia, mandavo gente a cercarla, qualche volta ci andava anche Nauman, ma quando la trovava lei gli diceva: «Vai via, cattivo bambino, figlio di una mamma cattiva».

Solo pregare mi consolava nei giorni più neri. A volte caricavo tutta la mia famiglia su un'automobile e andavo alla moschea Sevan Cherif, a sette ore da Karachi. Affittavo una stanza e rimanevamo là due giorni: pregavo Allah di perdonarmi perché facevo sesso con gli uomini, lo ringraziavo per tutto quello che mi dava e ripartivo piena di forza. Altre volte, a Karachi, andavo al *mazar* (che è il luogo di preghiera per le donne, quello per gli uomini si chiama *madjid*) Gazi Abdullah Shah: ci sono andata anche dopo essere stata bruciata e ci ho sempre trovato la pace. Pregavo dentro di me, perché non conosco le parole del Corano: nessuno me le ha mai insegnate. Mi rivolgevo a Dio, che noi sciiti chiamiamo Udah – Allah è una parola araba – e gli chiedevo aiuto. Adesso, quando vado in chiesa a Roma, prego senza dare un nome a Dio. Lui mi aiuta lo stesso e io torno a casa più forte.

Ne ho avuto bisogno, di tutta la mia forza, per affrontare quello che per me è stato un piccolo dramma: il matrimonio di mia sorella. Kiran si era innamorata di un uomo che non mi piaceva perché aveva fama di essere violento: con la complicità di mamma – alla quale, purtroppo, passava i soldi che io lasciavo per la spesa e che finivano immancabilmente in eroina – spesso faceva dormire Irfàn in casa e rimase incinta. Quando l'ho saputo ho picchiato duramente Kiran, fino a farla stare male, e le ho proibito di vedere il ragazzo: ho ottenuto solo che smettesse di mangiare e che piangesse dalla mattina alla sera.

Mia sorella era così determinata a sposare Irfàn che non restava altro da fare che chiamare l'imam. Kiran indossò un bel vestito rosso e il matrimonio fu celebrato in mezzo a molte lacrime: di commozione, certo, ma da parte mia anche di dolore. Ero molto legata a Kiran e l'idea di vederla andare via di casa mi faceva soffrire. Per non parlare della preoccupazione che andasse a vivere in una famiglia tanto diversa dalla nostra. Il futuro doveva confermare la mia inquietudine per quel matrimonio: la suocera era una donna dura, un giorno arrivò a minacciare Kiran con una sedia, non la lasciava uscire da sola e in tutti i modi cercò di allontanarla da me... salvo costringerla a chiedermi continuamente soldi, visto che Puli a quel tempo riusciva a fare solo piccoli lavori saltuari.

Era già qualche mese che con Nadim ci incontravamo in albergo: poco prima del matrimonio di Kiran abbiamo deciso di andare a vivere insieme. Lui prese in affitto un appartamento a Clifton, il quartiere elegante di Karachi, sul mare, dove aveva casa anche Benazir Bhutto. Finalmente il mio sogno si realizzava. Questa era una casa grande e bella, con l'aria condizionata, tre stanze da letto, tre bagni, un grande soggiorno, una terrazza... Nadim mi ha portato in un negozio di arredamento e mi ha detto: «Scegli quello che vuoi». Così ho avuto un grande armadio per la camera da letto, con le ante tutte di specchio, e anche una lampada fatta con una statua di donna nuda, in ceramica. Un grande armadio ha avuto anche Nauman, tutto pieno di giocattoli. Bella anche la stanza di mamma, con tanti cuscini per terra. La zona era tranquilla, spesso andavo in bicicletta portando Nauman, seguita da altri bambini in bici. Era una casa allegra, con Nauman che scorrazzava dappertutto e dormiva dove capitava.

C'era però una seccatura: venivo continuamente chiamata alla stazione di polizia. In Pakistan non è come in Italia, dove ti dicono subito perché devi andare alla polizia. Da noi devi andarci anche se ti hanno chiamato per un capriccio. Ed era davvero un capriccio quello del capo della stazione di polizia per me. Quando gli dissi che non volevo saperne delle sue proposte lui, per vendetta, fece un rapporto in cui era scritto che Nadim e io avevamo fatto sesso per strada. Era un'accusa così ovviamente falsa che ero convinta che mi avrebbero rilasciato il giorno dopo: invece ci vollero quindici giorni prima che potessi tornare a casa.

In Pakistan, come in molti altri paesi del Terzo Mondo, la polizia è sottopagata e quindi facilmente esposta alla corruzione. Persino l'autorevole guida Lonely Planet *avverte: «Se vi trovate in un guaio l'ultima cosa da fare è quella di rivolgervi alla polizia».*

Nell'aprile del 2004 è stato sospeso un concorso per il reclutamento di agenti di polizia dopo che parecchi disoccupati avevano denunciato ai giornali di aver sborsato somme enormi, vendendosi persino il mobilio di casa, per aver creduto alla promessa di successo nella selezione di cinquemila candidati per trecentosettantotto posti.

I poliziotti pakistani, oltre ad avere stipendi da fame, sono anche messi – dalle recenti leggi restrittive in materia di costume – nella condizione di esercitare una discrezionalità che si presta a infiniti soprusi. In teoria, per esempio, se un ragazzo e una ragazza non accompagnati da un parente camminano insieme per strada devono essere portati in prigione.

Fu una strana parentesi della mia vita. Mi misero in uno stanzone con altre quindici donne, quasi tutte africane, che facevano traffico di droga nascondendola nella pancia. C'erano due o tre bagni, ognuna aveva il suo letto e il luogo non era troppo sporco. Non posso dire che sia stata un'esperienza sconvolgente: da noi può capitare di finire in prigione anche alla gente per bene, basta dimenticare di chiedere alla polizia (lasciando naturalmente una «mancia» consistente) il permesso per fare una festa a casa e si finisce in galera.

A volte in Pakistan si mettono in prigione certe persone per proteggerle, perché fuori le ammazzerebbero. Si tratta in genere di gente ricca e da noi, se hai i soldi, puoi vivere in prigione come se fossi a casa tua: due o tre stanze, aria condizionata, donne di servizio, frigorifero, cellulare, alcol e sesso. Da noi non ci sono leggi precise e, se ci sono, chi ha i soldi può fare a meno di rispettarle. Qualche anno fa fu messo in galera un uomo che adescava i bambini e, dopo averli violentati, li scioglieva nell'acido. Ne aveva uccisi cento. Ci rimase appena tre anni. Poi lo hanno messo fuori e ora gira libero per il paese.

Quando stavo in prigione io, durante la giornata c'era da fare il bucato, prepararsi il cibo e scaricare la merce dai camion che arrivavano alla polizia. Un dovere per tutte tranne che per me. Ancora una volta, per intervento di Hemat, che aveva letto sul giornale la notizia del mio arresto, ho fatto la figura della principessa. Ogni giorno arrivava con un cesto pieno di prelibatezze da mangiare e pacchi di biscotti che contenevano soldi. Utili per esempio per evitare il «parlatorio», che è una grata dove due o trecento persone parlano tutte insieme, urlando per farsi capire, e spintonandosi per arrivare il più possibile vicino alla grata di legno. L'angelo Hemat portava a spasso tutti i giorni Nauman e mi ha dato anche il milione di rupie necessario per essere liberata su cauzione. Un po' per abitudine, un po' per trascuratezza, non ho mai tenuto io i soldi che ricevevo: in Pakistan è tradizione che tutto ciò di cui i giovani dispongono sia intestato ai genitori. Io non avevo un conto in banca perché non m'interessava: davo tutto a mia madre o a mia sorella, tenendo per me solo il denaro per comprarmi i vestiti. Purtroppo, non essendo mia mamma ancora uscita dall'eroina, questo significava che non c'erano mai soldi da parte.

Durante quel periodo in prigione avevo fatto conoscenza con un giovane poliziotto, Badar Khan, un bravo ragazzo che mi faceva gli occhi dolci. Dopo essere tornata a casa da Nadim, un sabato sera, come accadeva qualche volta, sono andata alla mia casa di Napier Road con due amiche per passare qualche ora in chiacchiere. Per strada abbiamo incontrato Badar con un suo amico, abbiamo cenato insieme e abbiamo fatto le ore piccole, senza che succedesse nulla. Badar era un uomo semplice e pieno di dignità, non avrebbe mai osato prendere un'iniziativa. Era povero, perché lui non era del giro delle «mance», ma non si lamentava mai della sua condizione. Anzi, era sempre di buon umore e pronto alla risata.

Arrivata a casa, trovo Nadim sveglio e di pessimo umore.

«Dove sei stata?»

«A chiacchierare con le mie amiche e anche con Badar e un suo amico.»

La conversazione stava prendendo la piega di una scenata di gelosia.

«Cosa avete fatto?»

«Niente. Non è successo assolutamente niente. Se ci fosse qualcosa tra me e Badar andrei a vivere con lui.»

«Non sei abbastanza bella perché tutti gli uomini siano disposti a vivere con te.»

«Davvero sei convinto di questo? Ora ti faccio vedere io.»

Piena di risentimento, sono scesa in strada e da un telefono pubblico ho chiamato Badar. «Mi sposi?» gli ho chiesto.

Silenzio stupefatto all'altro capo del filo. E poi, con un filo di voce: «Cosa stai dicendo? Scherzi o sei diventata matta?».

«Dimmi solo: sì o no.»

«Io faccio tutto quello che vuoi.»

Con la vittoria in tasca, ma ancora furibonda per il disprezzo di Nadim, sono tornata a casa, ho preso Nauman e, senza neanche fare una valigia, sono andata a casa di Badar.

La casa di Badar era povera, come m'aspettavo, ma la sua famiglia era più religiosa di quanto avessi immaginato: il padre era un vecchio con la barba bianca e due mogli, una più anziana e una più giovane, che era la mamma di Badar. C'erano anche due fratelli, una sorella e un fratellastro. Le donne mettevano il *burqa* per uscire di casa e tutta la famiglia pregava cinque volte al giorno.

Un matrimonio così all'improvviso non era fatto per piacere a una famiglia tanto tradizionalista, ma per la verità furono tutti gentili con me: uno dei fratelli andò a chiamare un mullah, la sorella mi prestò un vestito rosso e mi mise un velo, rosso anche quello, sui capelli. Mentre a me cominciavano a prendermi i crampi allo stomaco per il passo avventato che avevo fatto, gli altri preparavano il cibo per il pranzo nuziale durante il quale Badar e io avremmo dovuto mangiare dalla stessa ciotola. I tre testimoni della sposa e i tre dello sposo furono scelti tra i parenti stretti di Badar, il mullah arrivò dopo poco, recitò i versetti del Corano e concluse: «Ora siete marito e moglie». Poco dopo mi guardai allo specchio: ero pallida come una statua di cera.

Ero consapevole di aver fatto un colpo di testa per una stupida ripicca a Nadim. «Cosa ho fatto? Cosa dirà mia madre? Sarà arrabbiata perché ho sposato un uomo povero! E come la prenderanno i genitori di Badar, che volevano fargli sposare la cugina? Lei è una ragazza molto religiosa, che porta il *burqa*: come potranno mai accettare una danzatrice?» Rimuginavo nella testa questi pensieri, molto preoccupata: ma la gentilezza di cui sono stata circondata quel giorno, la dolcezza di Badar la notte, l'affettuosa accoglienza delle donne del vicinato che vennero a portarmi denaro come regalo di matrimonio attenuarono la mia inquietudine.

Quando mi alzai, la mattina seguente alle nove, trovai la sorella di Badar intenta a fare il bucato: in casa non c'era lavatrice. Mi fece un sorriso e mi offrì un suo vestito: rosso.

«No, oggi grigio o bianco» dissi.

«Ma come, il giorno dopo il matrimonio?» Era stupefatta, ma accettò cortesemente di portarmi un altro vestito.

Anche uno dei fratelli di Badar fu molto gentile con me e mi aiutò con Nauman, che lui stesso accompagnava a scuola tutte le mattine. Era una scuola coranica, una *madrasa* sunnita, e questo, a me sciita, dava un po' fastidio. Ma pensavo che andare a scuola era comunque un fatto positivo per mio figlio e questo intanto risolveva un mio piccolo problema: ormai da anni mi ero abituata a dormire tutta la mattina, diversamente da loro che si alzavano tutti alle sette.

Badar prese le ferie per stare il più possibile insieme a me. Con lui stavo bene perché cercava in ogni modo di piacermi e di compiacermi. Era – ed è – un uomo buono e onesto, quindi con pochi soldi. Non possedeva l'automobile ma solo un motorino e con quello mi portava la sera ai giardini e mi leggeva le poesie di Iqbal, di cui non capivo niente.

Allama Mohammed Iqbal è stato allo stesso tempo un poeta (e scriveva sia in urdu sia in farsi, la lingua parlata in Iran), un filosofo, un giurista e una mente politica. Era nato nel 1877, quando l'India comprendeva anche le zone che poi sarebbero diventate Pakistan e Bangladesh ed era ancora assoggettata al dominio inglese. Si era laureato all'università della città di Lahore (che recentemente gli ha intitolato l'aeroporto) e aveva studiato successivamente a Oxford e a Monaco. Tornato in India nel 1908 aveva aderito alla All India Muslim League e ne era diventato un attivo militante, mentre si diffondeva la sua fama di poeta. Nel 1930 ad Allahabad pronunciò un famoso discorso in cui per la prima volta venne prospettato alla folla in delirio il sogno di uno Stato islamico indipendente.

Iqbal morì nel 1938, nove anni prima che il suo sogno si avverasse in uno spaventoso bagno di sangue. Nella «Partition», la divisione tra India e Pakistan, morì forse un milione di persone in massacri di pari ferocia tra indù e musulmani, sei milioni si spostarono da un paese all'altro e a mezzanotte del 14 agosto 1947 nacque il Pakistan, la «Terra dei Puri», acronimo per Punjab, Afghan, Kashmir, Sind, più stan *che significa «terra».*

Mi facevano sorridere gli sforzi di Badar per apparire moderno e di modi inglesi, come si usa da noi nelle classi alte: davanti a me arrivava perfino a chiamare sua madre «Mum», all'inglese, mentre appena io mi allontanavo tornava all'urdu «Ma», come aveva sempre fatto. Per farmi cosa gradita, come portarmi fuori a cena, non si curava delle critiche della famiglia. Una volta arrivò a rischiare grosso: tornò a casa con la videocassetta di *Pretty Woman*, la guardammo chiusi in camera da letto, a volume bassissimo, come due cospiratori. Nel cinema pakistano i baci sulla bocca sono vietati e tutti i film occidentali sono censurati: quelli pakistani parlano molto d'amore ma non lo fanno mai vedere. Figurarsi se il padre di Badar avesse saputo che guardavamo un film così scandaloso! Qualche volta, sempre all'insaputa dei miei suoceri, siamo anche andati al cinema «per bene», dove si proiettano i grandi film americani: non certo nei cinema frequentati dagli immigrati più poveri, dove una pellicola normale viene continuamente interrotta da film pornografici mentre gli uomini si consolano con ragazzini a pagamento, sognando che la loro bocca sia quella di una donna.

Nonostante la gentilezza dei fratelli e l'amore di Badar la situazione restava difficile, soprattutto a causa del vecchio padre: io avevo accettato di portare il velo per uscire di casa – «fallo per me» mi aveva detto Badar – ma non potevo più truccarmi, nemmeno depilarmi le sopracciglia. Mi nascondevo in terrazza per togliermi i peli dalle gambe, che comunque noi portiamo sempre coperte dal sari, dallo *shelwar kamiz* o dai jeans. Non vedevo niente di male nel compiere quel piccolo atto di cura del corpo, destinato tra l'altro a compiacere solo il marito. Un giorno mi scoprì mia cognata e mi sussurrò spaventata: «Se ti vede mio padre ti ammazza».

In Pakistan i sunniti sono il settantasette per cento della popolazione, gli sciiti il venti per cento, cristiani e indù insieme il tre per cento.

Da qualche anno, come in tutti gli altri paesi di religione musulmana, si sta diffondendo in Pakistan un'osservanza sempre più rigida dei precetti religiosi, mentre si sono moltiplicate le scuole coraniche frequentate da bambini (solo maschi) vestiti di bianco con un piccolo turbante verde. Anche nella classe agiata, dove è consuetudine che le donne di età matura vadano a capo scoperto, sono sempre più numerose le giovani velate: in genere solo con un leggero tessuto colorato posato sui capelli, molto più raramente con il mortificante nikab *che lascia scoperti solo gli occhi, o addirittura il* burqa, *che è diffuso però nella Provincia di Nordest, confinante con l'Afghanistan.*

Perché un numero sempre maggiore di donne adotta lo hijab *quando non vi sono normative del governo che lo impongano? A questo interrogativo, e a tutti gli altri posti dalla trasformazione del popolo pakistano in una società sempre più conservatrice e religiosamente organizzata, ha cercato di dare risposta la regista Sahiba Sumar con il lungometraggio* Hawa Kay Naam *(Per un posto sotto il Paradiso).*

Come sarebbe successo anche in seguito, fu però un atto contro Nauman che segnò il punto di non ritorno. Il mio bambino stava crescendo con un carattere sereno e socievole: era abituato a dormire con una persona o con un'altra, aveva accettato senza protestare di perdere la sua bella stanza piena di giocattoli per vivere in quest'altra casa piccola e povera. Un giorno, tornato da scuola assetato, bevve l'acqua di un bicchiere che aveva trovato sul tavolo. Il vecchio lo guardò con occhio cattivo e disse, rivolto a me: «Questo figlio illegittimo ha bevuto dal mio bicchiere!». Dentro il cuore mi esplose la furia, ma in quel momento non potevo fare altro che chinare il capo e dire: «Scusa, padre». Quello fu l'inizio della fine del mio matrimonio durato un mese.

Quando pregai Badar di concedermi il divorzio lui si ribellò e mi diede uno schiaffo. «Un matrimonio non si scioglie così!» Era il bravo ragazzo che parlava in lui, quello che aveva creduto che la nostra unione sarebbe durata tutta la vita. In realtà in Pakistan i divorzi sono molto più frequenti che in Italia, inoltre c'è l'istituto del ripudio, il *khula*, il diritto secondo la legge islamica della donna a divorziare senza il consenso del coniuge purché rinunci ai suoi beni. E ovviamente, nel nostro caso, questo non era un problema.

«Prendiamo una casa, andiamo a vivere da soli» mi propose.

«Le nostre vite sono troppo diverse» cercai di spiegargli io pazientemente.

«Vengo a vivere nella tua casa.»

«Bravo, così tuo padre mi ammazza. Lui non mi ha mai accettato: sono una danzatrice, una donna scandalosa nel suo modo di vedere.»

Abbiamo parlato per molte ore: senza rancore da parte sua, con dolore da parte mia per il male che gli facevo.

«Non lasciarmi, ti scongiuro» mi chiedeva.

«Non ci lasceremo mai completamente, continueremo a sentirci» gli promisi. Ed è stata una promessa mantenuta da tutti e due. Dopo qualche tempo Badar ha fatto contenti i genitori sposando la cugina molto pia: una ragazza gentile che mi chiama «Baah», la forma di rispetto che si usa in genere per le cognate. Gli ho fatto qualche bel regalo e ci siamo parlati ancora pochi giorni fa.

Il ritorno a casa avvenne in due tempi. Chiesi a Badar di far venire mia madre a trovarmi. «Ho sbagliato a fare questo matrimonio» ammisi. «Voglio tornare a casa mia.» Tornai dunque a Napier Road e da lì telefonai a Nadim: «Ti voglio vedere».

Fece una risatina. «Bene, bene, vedo che ti sei già stufata.»

«Insomma, vuoi venire oppure no?»

«Va bene, vengo, vengo, vengo.»

Arrivò portando un pacco enorme di dolci. E così abbiamo fatto la pace.

Non era tuttavia possibile che tornassi a vivere con lui. In Pakistan quando una donna divorzia deve fare vita ritirata per alcuni mesi. Per la verità io non avevo fatto un vero e proprio divorzio, ma avevo preferito il ripudio che è una pratica più sbrigativa. L'uomo dice «*Talak*» tre volte davanti a testimoni e il matrimonio è finito: basta far convalidare dopo qualche giorno la fine dell'unione in tribunale. Poi però la legge islamica, che non permette il divorzio alle donne incinte, impone che la donna viva in solitudine per alcuni mesi, finché non è evidente che non è gravida.

Per qualche tempo continuai a vedere Badar, in amicizia e facendo bene attenzione a non illuderlo su un mio possibile ritorno. Ma non sapevo come avrebbe reagito se una sera mi avesse visto in compagnia di Nadim. Preferii così andarmene a Lahore per qualche tempo.

Il mio rapporto con Nadim continuò a essere quello che era sempre stato: lui mi amava, io accettavo senza entusiasmo la sua compagnia. Continuavo a fargli scherzi feroci (come quello di costringerlo a bere un'intera bottiglia di sciroppo per la tosse, ciò che lo mise KO per una giornata intera), lui sopportava con pazienza i miei capricci. Improvvisamente però la situazione precipitò a causa di Nauman, che aveva allora quasi cinque anni. Un giorno trovai il mio bambino con la faccia gonfia e tumefatta: quando gli chiesi perché era in quello stato lui mi oppose per un po' un ostinato silenzio, poi alla fine disse: «È stato Nadim che mi ha picchiato». Nadim, che era presente, negò disperatamente: ma io ho creduto a Nauman, il mio bambino speciale. Perché avrebbe dovuto mentire? Da quel giorno non ho più voluto avere rapporti con Nadim.

Trascorsi i mesi prescritti di vita ritirata, ho ricominciato a ballare. Un giorno – ero in casa in T-shirt e pigiama – arriva

Amir, il fratello di mio cognato Irfàn, con un suo amico. «È Zahir, è tornato da poco dall'Australia, adesso ha un autosalone e può permettersi molti lussi: vuole fare una festa e invitarti a danzare.» Combiniamo la serata, io mi faccio fare uno *shelwar kamiz* di shantung nero, scelgo un trucco rosato per il viso e mi metto lenti a contatto grigioazzurre. La festa era su una nave ancorata nel porto di Karachi: una nave immensa, a cinque piani, un *Titanic* moderno, gli invitati erano coppie eleganti, le donne erano tutte belle. Quando ho cominciato a danzare gli uomini mi chiamavano a gran voce: «Kajal, Kajal!», mi sentivo bella e tutti quegli occhi su di me scatenavano la mia energia. Gli occhi di un uomo su di te trasmettono sempre energia, no? Zahir sembrava illuminato dalla mia presenza. La mattina, nel riaccompagnarmi a casa, mi ha detto: «Che begli occhi hai!». Dentro di me ho fatto una risatina.

A Napier Road, dove abitano le danzatrici di Karachi, c'è sempre un grande andirivieni di uomini. Le ragazze hanno la strada segnata: se cercassero un lavoro in città non glielo darebbero, quindi nella loro vita c'è solo ballo e sesso. Finché dura la gioventù la vita è bella, tutto è facile, ma poi... A quell'epoca io guadagnavo quattro o cinquemila rupie a serata, circa settanta euro – qui non sembra molto ma in Pakistan è una grossa somma – e potevo vivere bene con la mia famiglia. Non so se era per questa mia indipendenza finanziaria, ma io avevo con gli uomini un rapporto diverso dalle mie compagne. Un giorno ho scommesso con un'amica cinquemila rupie che si poteva accettare l'invito di un uomo a uscire la sera senza doverlo accontentare sessualmente. A me è sempre piaciuto parlare, discutere, e mi capitava di coinvolgere gli uomini in questa passione: con me la richiesta di sesso non è mai stata automatica dopo un invito a cena. Al termine della notte della scommessa l'uomo osservò: «Mi hai fatto chiacchierare tutta la notte!» ma non sembrava troppo dispiaciuto. Siamo rimasti amici.

Con Zahir abbiamo passato il weekend insieme per molto tempo, in giro con la nave. Lui mi diceva «ti amo tanto», io gli rispondevo «non è vero amore»: a quell'epoca, avevo quasi diciotto anni, l'amore non l'avevo ancora incontrato, ma ero in ogni caso sicura di non volermi sposare. In Pakistan il matrimonio è molto restrittivo: anche il più innocente degli svaghi, come passare una serata con le amiche, non è accettabile per una donna sposata. E dopo la breve esperienza con Badar il mio pensiero fisso era «viva la libertà». Finché non ho incontrato Bilal.

Le buone maniere

Il colore, la civiltà dei modi, la pazienza: è questo che colpisce il visitatore al primo contatto con il Pakistan.

Il colore è dappertutto: nei vestiti delle donne, nella tinta delle pareti interne delle povere case di fango dei contadini, nelle straordinarie pitture che ricoprono interamente autobus, camion, risciò. La civiltà dei modi la si nota per esempio nella ritualità dei saluti, gli slalikum *(i «salamelecchi»), contrazione dell'arabo* salaam alaikum, *la pace sia con te. E la pazienza viene notata con stupore dagli occidentali nel traffico delle immense città, Karachi quattordici milioni di abitanti, Lahore sei: un traffico in cui l'indisciplina e la prepotenza sono la norma, sopportate senza battere ciglio dagli altri automobilisti e dagli innumerevoli risciò motorizzati, pronti a fare altrettanto alla prima occasione.*

La pazienza, i pakistani la esercitano poi quotidianamente di fronte alle mille vessazioni della polizia, dei militari, delle guardie del corpo private. La presenza di un gran numero di uomini armati tra la folla salta agli occhi: in tuta mimetica e con la mitraglietta fanno i «vigilantes» negli alberghi, o in shelwar kamiz, *ma con il rigonfiamento dell'arma ben visibile sotto la tunica, sono a guardia di case e uffici.*

Fakhra ricorda oggi con indifferenza, come una delle tante scocciature della vita laggiù, la prepotenza di questi «bravi». E con compiacimento il galateo che regolava la sua vita.

Finito Nadim, basta ragazzi. Ne ho frequentati diversi ma tra di noi non c'è stato niente. Nell'ambiente della danza non sta bene mettersi con un giovane, che spesso è povero: una ragazza è il sostegno di parecchie persone quindi, come ho già detto, le sue relazioni sono rigidamente controllate dalla famiglia. Ed è anche considerato motivo di vergogna per una ballerina mettersi con il fratello di un'altra danzatrice: forse perché di solito è tutt'altro che ricco.

Io avevo totalmente accettato questo codice di comportamento, lo trovavo giusto, e non mi pesava stare alle regole. Tra l'altro le buone maniere mi imponevano di dire sempre, quando ricevevo un invito, «non so se mamma mi manda»: era un modo elegante per chiedere soldi e questo lo trovo bello, chiedere senza chiedere. Da noi è la regola, perciò tutti capiscono. Quando mi telefonava qualche conoscente chiedendomi: «Vieni a prendere un tè con me e i miei amici oggi pomeriggio?», io rispondevo invariabilmente: «Non so se mamma sarebbe contenta», anche se sapevo perfettamente che mamma giaceva nelle nebbie della droga. E lui subito: «Sì, certo, ci sarà del denaro per farla contenta».

Il pomeriggio era il momento delle telefonate: ricevevo molti inviti per andare alle feste – compleanni, matrimoni o qualche altra ricorrenza – per ballare o anche semplicemente per essere presente. In genere mi davano cinquemila rupie, circa settanta euro: un po' di più se erano gli uomini a chiamarmi, un po' meno se erano le donne, sempre poco disponibili a spendere per queste cose. Io mi preparavo e poi pregavo qualche amico gay, o qualche parente, o anche la donna di servizio, di accompagnarmi: favore che, naturalmente, dovevo pagare. In Pakistan essere accompagnate per strada è un segno di distinzione sociale: soltanto le donne povere camminano sole. A Lahore i ricchi, o anche solo i benestanti, hanno la guardia del corpo, anche più di una. A Karachi è un'abitudine meno diffusa. Le guardie del corpo non servono solo a difendere la vita dei loro padroni: più di una volta le ho viste venire a prendere una ragazza che non aveva voluto fare sesso con qualche personaggio. E nel mio caso, come ho già raccontato, si sono incaricate di vendicare il loro signore per il mio rifiuto.

Napier Road è una strada molto lunga con tanti negozi, in maggior parte cinesi, vari *music centers* che vendono sia la musica di moda sia la nostra musica tradizionale, bancarelle di cose da mangiare, negozi di latte. C'è molta confusione e molta sporcizia e tanti fili sospesi non troppo in alto in cui passa l'elettricità. Quasi ogni palazzo ha un nome, nomi strani nati chissà come – per esempio «Bolle e tante storie» – ed è qui che si riuniscono le ballerine. Al piano terra ci sono i sarti che in poche ore confezionano un vestito e fanno buoni affari perché le ragazze di Napier Road amano cambiarsi spesso. Ogni sera alle otto si fanno le pulizie, si lustrano gli specchi e si accende l'incenso: verso le dieci arrivano le danzatrici che si siedono sui cuscini in attesa dei clienti, chiacchierando tra loro e bevendo tè, *chai*, e qualche volta anche whisky nelle lattine di Coca-Cola: per prudenza, nel caso di un'ispezione improvvisa della polizia. Che arriva invece puntualmente a mezzanotte, in macchina con la luce blu sul tetto, e quello è il segnale di chiusura. Le ragazze vanno a togliersi il trucco e comincia la seconda parte della serata. Si va a casa dell'una o dell'altra, si ordina da mangiare, si gioca a *tambòla* e spesso si sta in compagnia di uomini, cosa teoricamente proibita. Se c'è un controllo della polizia, si dice che l'uomo è il marito di una ragazza e in genere questi discretamente allunga una mancia agli agenti. Verso le tre del mattino, ma a volte possono essere le quattro o le cinque, la compagnia si scioglie, a volte si fa colazione insieme, oppure ogni ballerina va a casa sua e prima di addormentarsi si concede in genere un *nan-choli*, ceci con la focaccina di *nan*.

A volte mi capitava di ballare per il gusto di ballare. Se una sera non avevo ricevuto inviti, mi univo a un gruppo musicale, magari solo sitar e tamburi, e andavo con loro a qualche serata. Mi pagavano poco, duemila rupie se andava bene, ma io mi divertivo e passavo qualche ora in allegria. Qualche volta anche qui a Roma mi prende la voglia di ballare e lo faccio da sola, oppure con Nauman, che ha un grande senso del ritmo. Sicuramente ballerò la sera del mio compleanno inventato, il 31 maggio.

Quando Fakhra balla torna a essere bella. I lunghi capelli neri sciolti (nella vita quotidiana li porta invece raccolti) scendono a coprirle in buona parte il viso ancora segnato dall'acido, il corpo sottile è come scisso in due parti indipendenti: dalla vita in su sono i movimenti armoniosi delle braccia e quelli della testa a dominare, dalla vita in giù è il bacino che segue il ritmo della musica ad attirare gli sguardi.

Una sera che ha ballato per alcuni amici di Smileagain ha sussurrato allacciandosi alle caviglie i gungru, *i campanelli che scandiscono il ritmo della danza: «Questi in Pakistan sono il simbolo della vergogna». Strana posizione sociale quella delle ballerine: ammirate, ricercate, pagate – e allora vengono chiamate con la parola inglese* dancers *– sono poi respinte ai margini della società e condannate come donne perdute con la parola urdu* cangirì.

Quando ero in Pakistan, la mattina dormivo fino a tardi: Nauman andava presto a *tuition*, in una bella scuola privata per pochi bambini dove restava fino al pomeriggio, e io approfittavo della calma della casa in quelle ore per mettere a tutto volume i dischi dei miei cantanti preferiti, Jagjit Singh e Lata Mangeshkar. Sono due grandi cantanti classici indiani, un uomo e una donna: il loro canto è meraviglioso non solo per la bellezza della musica e delle loro voci, ma anche per le parole. Sia Jagjit Singh sia Lata sono un mito in India, in Pakistan, negli Emirati, ma anche a Londra: sono stati loro a dare nuova vita al *ghazal*, che è una poesia messa in musica. Singh, che è anche compositore, dice sempre che la musica deve avere un messaggio e che chi canta ha una grande responsabilità nei confronti del pubblico. Ho amato la musica tradizionale fin da bambina, perché è dolce con parole profonde: non mi è mai piaciuta l'agitazione della musica moderna. Sia Jagjit Singh sia Lata Mangeshkhar cantano in hindi, una delle lingue parlate in India, che somiglia molto all'urdu: io l'ho imparato guardando la televisione perché con il satellite in alcune zone del Pakistan si prende la televisione indiana. L'urdu è la lingua di Karachi, o per la precisione della provincia del Sind, è la lingua ufficiale, quella che s'insegna a scuola: ed è anche la mia lingua. Mamma invece mi ha sempre parlato in punjabi, la lingua di Lahore che è parlata dalla maggioranza dei pakistani, e io le rispondo in urdu. Il punjabi lo parlo suppergiù come l'italiano, sbaglio molte parole e faccio ridere la gente. Tehmina, che discende da una grande famiglia di origine afghana, oltre all'urdu e all'inglese, parla il pashtun, la lingua di Peshawar, la città che si trova al confine con l'Afghanistan. C'è poi un piccolo mistero nella mia vita: io conosco il farsi, la lingua dell'Iran, che mi è stato insegnato da mamma, che l'ha imparato dalla nonna, che era di origine indiana. Perché conosco questa lingua così diversa dalle nostre? Per la mia famiglia è la lingua dei segreti, che mamma continua a usare con mia sorella e con me quando non vuole farsi capire dagli altri. Dove l'ha imparata la nonna e perché? Non sono mai riuscita a saperlo.

Da quando è a Roma la stella polare di Fakhra è il suo bambino, Nauman, che come in un gioco di specchi ha fatto quello che lei fece da piccola: dare coraggio ai grandi. Successe poco tempo dopo il loro arrivo a Roma, un giorno in cui lei, sgomenta, sola, incapace di capire una parola di quello che le veniva detto, si mise a piangere. Lui le buttò le braccia al collo e la confortò: «Vedrai, ce la faremo».

Ed è stato davvero lui ad aiutarla, imparando con grande rapidità l'italiano e facendo lui da interprete alla mamma quando ancora stentava a capire.

Nella nuova vita di Fakhra la giornata è scandita dagli orari di Nauman – la scuola, il calcetto, gli amici – ed è comprensibile che il giorno del suo compleanno la mamma abbia voluto fargli una bella festa. Tale da lasciare meravigliate altre mamme quando hanno sa-

puto che l'affitto del locale era pari al contributo mensile che Fakhra riceve da Smileagain.

Si sarebbero meravigliate di meno se avessero saputo quanto straordinarie sono in Pakistan le feste per le ricorrenze religiose o private, che fantastica occasione di allegria e di scialo è un matrimonio. Anche per i poveri, che sono disposti a ipotecare il loro futuro pur di sentirsi ricchi per un giorno.

Tehmina è una donna coraggiosa e molto decisa. Per capirlo basta vederla sgozzare le pecore per la festa dell'Eid-ul-Fitr, cosa che io mi sono sempre rifiutata di fare. Secondo la religione l'animale di cui mangiamo la carne deve morire dissanguato e per tradizione alla pecora che si mangia per l'Eid si taglia la gola in casa, davanti a tutta la famiglia. Per i poveri è una grande festa perché quella pecora servirà a sfamarli per un mese. Per i ricchi è diverso, per i ricchi ogni giorno è una festa. Ma la tradizione viene comunque rispettata da tutti.

Un'altra ricorrenza religiosa importante è quella che si celebra alla fine del Moharran, i giorni in cui noi sciiti ci vestiamo o di nero o di bianco, i colori del lutto, camminiamo per le strade senza scarpe, non balliamo e non facciamo sesso. È una data celebrata anche dai sunniti, ma meno solennemente. Cade in marzo, quando fa già caldo, e le strade si riempiono di bancarelle che offrono acqua, latte, latte di mandorle o di riso, latte e Sprite e anche cibo. I ricchi pagano per i poveri, così anche chi non ha soldi può mangiare e bere a sazietà. Questa forma di solidarietà è la regola per i musulmani e avviene non solo per occasioni speciali ma tutti i giorni intorno alle tombe dei santi, che sono circondate da bancarelle dove si frigge pollo, o polpette, o verdura: e c'è sempre qualcuno che paga per chi non ha denaro.

La festa più bella a Lahore e a Kasur, dove molti attori vengono da lontano proprio per quest'occasione, è quella degli aquiloni. È un appuntamento con la primavera, che da noi arriva prima che in Italia, in febbraio: e allora i prati si riempiono di fiori gialli, le donne si vestono di giallo chiaro e si mettono tutti i bracciali che hanno, si mangia, si balla e si fa musica per la strada per tre giorni, mentre dalle terrazze i grandi e i bambini insieme lanciano aquiloni coloratissimi a cui hanno lavorato per parecchi mesi. È una festa degli occhi ma è anche una gara: vince chi riesce a tagliare il filo degli altri e ad abbatterne l'aquilone. Per questo il filo è ricoperto da una pasta di vetro tagliente. A Lahore qualcuno che voleva fare il furbo ha usato filo metallico, con il risultato che quando l'aquilone ha urtato i fili dell'alta tensione sospesi tra le case l'intero quartiere è rimasto al buio. Ho saputo che dall'anno scorso è proibito fare i lanci di aquiloni in città, la gente deve andare in periferia, nei prati.

In Pakistan la festa più poetica è Shaberath, la sera dei fuochi artificiali. Cade in inverno ed è l'occasione per andare ad accendere una candela sulla tomba dei nostri morti. Dopo si mangiano tanti dolci e si scrive un desiderio su un biglietto. A Karachi si va al mare e si affidano i biglietti alle onde, in altre città non so, forse si lasciano alla corrente dei fiumi. Adesso se dovessi scrivere un desiderio da mettere nelle acque del Tevere scriverei la stessa parola che in passato ho affidato al Mare Arabico, una parola che ho imparato a scrivere in italiano, in stampatello: CASA.

Quello che mi ha meravigliato in Italia è vedere quanto poco dura da voi una festa di matrimonio: mezza giornata ed è tutto finito. In Pakistan i festeggiamenti durano una quindicina di giorni almeno. Parlo del matrimonio religioso, quando l'unione è un affare di famiglia: da noi i matrimoni sono quasi sempre combinati dai parenti, come si è visto anche nel caso di Benazir Bhutto, che si è presa il marito scelto dai suoi. E non è detto che i matrimoni combinati siano peggiori di quelli fatti per libera scelta: spesso l'amore viene dopo e certamente la grande festa con cui si celebrano favorisce un buon inizio.

Si comincia quando viene comunicato il fidanzamento ufficiale: i genitori si scambiano visite e pranzi e si chiama una donna a suonare per una settimana il *tablà*, tamburo, così che anche i vicini sappiano che si sta preparando un matrimonio. Comincia allora la gara dei vestiti e dell'oro, una competizione alla quale non ci si può sottrarre: stare al di sotto di quello che hanno fatto amici e parenti vorrebbe dire perdere la faccia. Ci sono famiglie che si rovinano per il matrimonio dei figli e spesso fanno debiti che poi scontano duramente. Proprio per questo Nawar Sharif, il presidente che c'era prima che Musharraf prendesse il potere, aveva stabilito che ai banchetti di nozze si servisse solo tè e biscotti. Secondo me era stata un'ottima idea perché aveva messo un freno anche a tutto il contorno ed era una salvezza per le famiglie povere: ma dopo qualche anno tutto è tornato come sempre.

Vittima di un debito contratto per un matrimonio è stato un bambino il cui nome è diventato famoso in tutto il mondo come simbolo dello sfruttamento del lavoro infantile: Iqbal Masih. Iqbal era stato venduto quando aveva quattro anni a un fabbricante di tappeti: il suo lavoro doveva servire a pagare un debito di seicento rupie, meno di dieci euro, contratto dalla famiglia in occasione del matrimonio del figlio maggiore. Le sue minuscole dita, capaci di fare piccolissimi nodi (un tappeto è tanto più pregiato quanto maggiore è il numero di nodi da cui è composto), lavoravano dodici ore al giorno, ma gli interessi altissimi non facevano che alimentare il debito. E il lavoro forzato di Iqbal.

Nel 1992, quando aveva dieci anni, scappò dalla fabbrica insieme con alcuni compagni per andare a una riunione del Bonded Labour Liberation Front, il Fronte di liberazione dal lavoro forzato. Iqbal fu talmente colpito dall'improvvisa presa di coscienza della sua condizione che si alzò e tenne un discorso in cui descriveva la sua vita. Il racconto venne ripreso dai giornali locali, Iqbal decise di non tornare più alla fabbrica, entrò in una delle scuole del Fronte, frequentò quattro classi in metà tempo e si adoperò per liberare altri bambini schiavi.

Nonostante fosse piccolo e malformato, Iqbal aveva una straordinaria capacità di comunicare e quando, nel 1994, apparve in una trasmissione televisiva americana e disse che voleva diventare avvocato per combattere il lavoro forzato, si vide offrire da un'università di Boston una borsa di studio fino al conseguimento della laurea, mentre poco dopo gli veniva attribuito il premio Reebok «Gioventù in azione» di quindicimila dollari.

Pochi mesi dopo, nell'aprile 1995, alla vigilia della partenza per Boston, mentre andava in bicicletta nel suo villaggio con due cugini, è stato ucciso da un colpo di pistola. Il colpevole non è mai stato trovato, ma la madre si ostina ad accusare la «mafia dei tappeti». Negli Stati Uniti l'iniziativa «A school for Iqbal», alla quale aderiscono molte scuole, raccoglie fondi per liberare i bambini schiavi e dare loro un'istruzione.

Qualche giorno prima del matrimonio la sposa viene massaggiata su tutto il corpo con l'olio di mandorle e per questa occasione le amiche si vestono di giallo, mentre nel giorno in cui la sposa si fa dipingere le mani e i piedi con l'henné ci si veste di verde. Per sette giorni prima del matrimonio la sposa non deve vedere nessuno, tranne una donna di servizio o un'amica: può solo ricevere messaggi o telefonate. Deve riposare per essere più bella il giorno delle nozze. Quel giorno dovrà essere letteralmente ricoperta d'oro: dodici bracciali a ogni polso, anelli, orecchini, collane e sulla fronte il *binnia*, un gioiello che si prolunga sui capelli. Il matrimonio si celebra in casa ma il ricevimento si fa in un albergo: una famiglia benestante invita almeno quattro o cinquecento persone. Cantanti e ballerini sono d'obbligo e si va avanti a mangiare e a divertirsi fino all'alba. Gli invitati ballano danze tradizionali, come il *jhoomar*, che si balla tutti in cerchio e girando su se stessi, oppure il *ludì*, che è danzato separatamente dagli uomini e dalle donne e queste fanno tintinnare i loro braccialetti. A Lahore è quasi d'obbligo ballare il *bhangrà*, una danza popolare del Punjab che si fa al suono dei flauti, delle molle di ferro e del tamburo *dhol*, appeso al collo e alle spalle. Io qualche volta l'ho ballato, non per fare spettacolo ma per allegria, perché quelle danze sono una vera esplosione di gioia.

Il pranzo di nozze è una delle rare occasioni in cui mangiano insieme tutte le persone di famiglia. In Pakistan non c'è l'abitudine che avete qui di riunirvi almeno una volta al giorno a tavola. Da noi si cucina al mattino e poi chi ha fame mangia quando ne ha voglia. Spesso, anzi, nelle case non c'è neppure un tavolo da pranzo e si mangia seduti sui cuscini. Solo a casa di Mustafa Khar, mio suocero, ho visto rispettato quello che per voi è un obbligo: aspettare che siano seduti tutti i componenti della famiglia per cominciare a mangiare.

Da noi non si usano molto le posate per portare il cibo alla bocca, si preferisce fare piccoli triangoli di *nan*, la morbida focaccina di farina di frumento che somiglia un po' alla vostra piadina, e con quelli la mano destra (mai la mano sinistra, sarebbe grande maleducazione) raccoglie il riso e le altre pietanze. Chi è abituato a mangiare così non si sporca le dita e naturalmente non le mette in bocca: i tovaglioli servono solo per asciugarsi gli angoli delle labbra. Hemat mi ha insegnato a mangiare educatamente, tenendo i gomiti stretti al corpo, e a parlare come si fa in società, mai a voce troppo alta o ridendo sguaiatamente: da come mangi, come parli e come ridi si capisce subito da dove vieni. Io ho imparato a conversare abbastanza bene e quando mi capitava di dire che non sono mai andata a scuola la gente si meravigliava. Ho capito l'importanza delle parole quando mi sono accorta che c'erano uomini che mi pagavano per passare le serate con loro senza fare sesso: prendere soldi per andare a letto è facile, ma prenderli per le parole che si dicono... be', non è da tutte. E molte ragazze mi invidiavano per questo.

Raramente le donne pakistane dicono parolacce: io lo facevo con Nadim, ma solo con lui. Non avrei mai osato con Hemat e non l'ho fatto con Bilal. Gli uomini le dicono, ma di solito non a una donna: ho sentito molte parolacce da Mustafa, ma erano rivolte ai servi.

Anche saper camminare è importante ed è ovvio che non si può camminare allo stesso modo se si porta il sari, i jeans o lo *shelwar kamiz*. Io ho avuto lezioni di portamento dal maestro di danza che mi faceva camminare un'ora al giorno in punta di piedi con le braccia alzate, le dita allacciate e i *gungru* alle gambe.

Ci sono regole di buone maniere anche nei saluti: prima di un viaggio, o all'arrivo, o anche prima che una ragazza cominci a ballare, si deve toccare il piede e la fronte della persona più importante o più anziana. Nei concerti che fanno insieme è Singh che tocca il piede di Lata. Quando sono entrata in casa Khar, Alì, uno dei figli di Tehmina, si è chinato a toccarmi il piede e salutandomi mi ha chiamato *Bhabi*, parola con la quale ci si rivolge a una persona alla quale si vuole manifestare grande rispetto. E dire che Alì ha solo un anno più di me: ma allora lui salutava in me la moglie di suo fratello maggiore, Bilal.

Slalicum è il saluto quotidiano che deve essere dato dalla persona meno importante a quella più importante o più anziana. Le strette di mano si fanno solo tra uomini, una donna pakistana si troverebbe in grande imbarazzo se un visitatore straniero le tendesse la mano. Tenersi per mano in pubblico è una cosa ammessa solo tra persone dello stesso sesso e non ha assolutamente il significato particolare che ha qui in Italia quando a farlo sono due uomini.

Fakhra attribuisce grande importanza ai sogni, che per lei sono una finestra aperta sul futuro. Quando le si dice che i sogni rivelano solo quello che è nascosto in fondo alla nostra anima resta perplessa, un po' incredula.

La sua grande certezza, il suo conforto, è la religione, che ha sempre praticato con sereno sincretismo. «Dio è unico» dice «anche se ha nomi diversi.» Non ha mai sentito parlare di fondamentalisti islamici (che del resto è un'espressione solo occidentale: nei paesi musulmani si dice «molto religiosi» oppure «terroristi») ma alla parola Taleban esclama: «Mammamia!». E trova giusto che il presidente Musharraf abbia deciso di agire con la forza contro i guerriglieri che si annidano nella Provincia del Nordovest, ai confini con l'Afghanistan: se poi per fare questo ha avuto dagli Stati Uniti un compenso di un miliardo di dollari e la cancellazione del debito estero, a lei non interessa. Anche perché Fakhra non sa (né del resto è mai stato dichiarato ufficialmente) che la generosità degli Stati Uniti, che ha improvvisamente fatto di Musharraf un pivot della politica internazionale, è stata ispirata dal timore che i fondamentalisti vicini ad Al Qaeda possano mettere le mani sull'atomica pakistana.

Quando ancora abitavo a Napier Road, una notte che ero sola in casa, verso le tre, ho sentito urla disperate venire da un appartamento vicino: sono corsa a vedere cos'era successo e ho trovato una ragazza che si era ustionata la faccia con l'olio bollente. Le sorelle, prese dal panico, non facevano che aggiungere grida alle sue grida: io ho pensato che l'unica cosa da fare era portarla al più presto in ospedale. Chiamai il fratello di mio cognato Puli e lui ci accompagnò in macchina all'Emergency più vicina: ma era un'istituzione privata e hanno detto di non poterla ricoverare se non era stata chiarita la natura dell'incidente. Casuale o procurato? Troppo lungo cercare i testimoni. Ero convinta che anche i minuti erano preziosi in quel momento, perciò ci siamo rimessi in macchina e siamo andati al Civil Hospital. Qui abbiamo avuto la fortuna di incontrare un buon dottore che ci ha rassicurati: la bruciatura non era molto estesa, la ragazza sarebbe guarita. La poverina era terrorizzata, non voleva più lasciare la mia mano, poi piano piano si è ripresa, verso le cinque sono arrivati i suoi parenti, io mi preparavo a tornare a casa ma prima, per la curiosità che ho sempre avuto delle cose mediche, ho chiesto al dottore gentile di farmi vedere la camera sterile dove si curano gli ustionati gravi. Mi sono affacciata appena sulla soglia di quella grande stanza, ma subito sono tornata indietro, sconvolta da quello che avevo visto. Era già giorno quando mi sono addormentata e ho sognato che le donne bruciate dell'ospedale mi chiamavano: «Vieni con noi». Nel sogno scappavo spaventata: ma era un sogno che annunciava il mio drammatico futuro. Un giorno sarei entrata anch'io in quella stanza della disperazione.

Quando ero già sposata con Bilal ho avuto un altro sogno: giocavo con un coccodrillo. Una mia amica mi disse: «Il coccodrillo è Bilal, la sua è una famiglia di coccodrilli: stai attenta, Fakhra». Purtroppo non le ho dato retta. Anche se ora mi dico: scappare da Bilal era inutile, mi avrebbe trovata anche in capo al mondo.

Dopo non molto tempo dal mio arrivo in Italia è successa una cosa bellissima. Ero in ospedale, dopo la prima operazione, quella che mi ha permesso di alzare la testa. L'intervento era durato dieci ore e le notti successive non riuscivo a prendere sonno per il dolore, che i calmanti non riuscivano a placare. Una notte, mentre le altre donne della stanza dormivano, io guardavo il crocefisso che era sul muro proprio davanti al mio letto. A un certo punto ho visto Gesù staccarsi dalla croce, venire verso di me sorridendo e accarezzarmi leggermente le gambe: ho provato una grande pace e mi sono addormentata tranquilla. Quando ho raccontato quest'episodio a mia madre lei mi ha detto che dovevo andare al più presto ad accendere una candela in chiesa.

In quello stesso periodo ho fatto un altro sogno religioso. Mi vedevo andare da sola nella cappella dell'ospedale: era notte e tutti dormivano. Una donna con un lungo vestito bianco veniva verso di me. Io mi dicevo: «Questa signora l'ho già vista», poi ho capito: era la Madonna. Improvvisamente, sempre nel sogno, ero nella mia stanza d'ospedale e la bianca signora veniva verso di me con le mani piene di fiori che posava sul comodino. «Perché?» chiedevo io. «Vedrai» rispondeva lei sorridendo. L'indomani entrò una suora con un mazzo di fiori che accomodò sul mio comodino. «Perché?» chiesi. «Perché oggi è la festa della Madonna» mi rispose.

Ora io prego sempre la Madonna perché Lei è una mamma, può capire il mio cuore. Ora più che mai, perché ho Nauman, che è tutta la mia vita, ma anche quando ero in Pakistan pregavo Bibi Mariàm, la madre di Gesù, che noi consideriamo uno dei grandi profeti. Noi la chiamiamo così, «signora Maria», non osiamo chiamarla solo «Mariàm». Sono sempre stata devota alle figure femminili, che sento più compassionevoli. Dopo l'incidente, prima di venire in Italia, sono andata con Nauman, Nisha e Zermina, che sono la figlia e la sorella di Tehmina, alla tomba di Bibi Pakhdamna per chiedere un'altra vita e un'altra faccia: e Lei me le ha date. Non riavrò mai la bellezza, ma anche questa faccia va bene. Prego spesso Gesù e in camera, qui a Roma, ho messo una Sua immagine: ma non oso guardare i Suoi occhi, mi vengono le lacrime appena alzo i miei verso di Lui. Sotto quel piccolo quadro ho appeso una placca d'argento che porta scritto in caratteri arabi il nome di Allah.

Quando ero in Pakistan il giovedì era per me un giorno molto importante: per noi sciiti è il giorno della preghiera. Verso le cinque del pomeriggio facevo una doccia e mi preparavo come se andassi a una festa, mandavo a comprare latte in quantità e moltissimi dolci per i poveri e li portavo al *mazar* Ghazi Abdullah Shah. Ai piedi del grande mausoleo in pietra bianca e grigia mi toglievo le scarpe e a piedi nudi salivo su, su verso il cielo. Nella stanza dove c'è la tomba del santo ci sono inservienti che spargono in continuazione petali di rosa: io, come gli altri fedeli, prendevo una manciata di quelli che erano caduti sui drappi ricamati che ricoprono il luogo dove è custodito il corpo e li mangiavo. Per me questo piccolo rito del giovedì era un punto fermo nella mia vita, mi sarei sentita in colpa a non rispettarlo: eppure c'era gente che trovava strana la mia devozione. E mamma, nei giorni in cui era senza pace per la mancanza di eroina, mi diceva: «Credi davvero che Dio ti perdoni, tu che vai con gli uomini?». Conosceva il modo per conficcarmi coltelli nel cuore.

Bilù e Patò

Nei momenti in cui mamma mi diceva parole cattive mi sentivo sola e con il freddo in fondo all'anima. La stessa sensazione che provavo quando, avendo deciso di fare una gita in campagna, arrivavo con soldi e dolci per i contadini, che da noi sono sempre poverissimi, e loro mi guardavano con curiosità, come se fossi una bestia rara, e poi qualcuno finiva sempre per tirare fuori la parola insultante: «*Gangirì!*». Mi lasciava senza fiato l'idea che qualcuno volesse farmi del male senza ragione.

Probabilmente chi mi vedeva ballare, con gli occhi resi enormi dal kajal, i capelli lunghissimi sulla schiena e le braccia piene di braccialetti, non avrebbe mai immaginato che io fossi la stessa ragazza smarrita di qualche ora prima, che si prendeva a schiaffi da sola per la disperazione.

Mamma aveva spesso momenti di rabbia contro di me, perché non era mai contenta di quello che le davo ed era sempre pronta a sospettarmi: «Vai a letto con gli uomini gratis!». E io avevo momenti di rabbia contro di lei per come si comportava con mio fratello. Non erano più madre e figlio, c'era tra loro un'oscena complicità dovuta alla droga. Mendicavano l'uno all'altra un po' di polvere: «Dammene un po' della tua, io sono rimasta (o rimasto) senza». E l'altro, o l'altra, a negargliela, a dire che ne aveva troppo poca e poi insieme ad aspettare l'arrivo dell'uomo che verso le sei di sera portava l'eroina a casa. Oppure a ridere per sciocchezze, come ragazzi irresponsabili, o come pazzi. Senza più alcuna dignità. Senza più sentire il bisogno di lavarsi, di pettinarsi. Sempre avvolti dall'orribile odore dell'eroina bruciata.

Ecco perché, in un pozzo di solitudine, mi chiudevo in camera e mi davo schiaffi da sola.

Hemat lo vedevo ormai raramente ma era sempre pronto a spendere quello che era necessario per Nauman. Per fortuna avevo molti amici e conoscenti, che mi aiutavano a trovare lavoro e a non restare sola la sera.

È stato proprio un conoscente a dirmi un giorno: «Conosco un uomo molto importante, te lo voglio presentare». Dopo qualche giorno telefonò per chiedermi di andare a una serata, ma io non ero libera, avevo promesso di andare alla festa di compleanno del bambino di una mia amica. Insistette. Alla fine promisi che sarei andata, ma non per tutta la sera. Mi sono messa una gonna e un top nero, molto carino, e mi sono presentata in compagnia di un'amica alta e bella, Shàzia. Nella hall del grande albergo dove avevamo appuntamento siamo state fermate dalle guardie armate alla reception: «Non potete salire di sopra». Ma dopo aver parlato con qualcuno degli occupanti dell'appartamento di cui avevo il numero ci hanno accompagnato subito al piano. Nella suite, oltre al mio amico, c'erano una donna matura che procurava le ragazze e un altro uomo. Qualche minuto dopo è entrato Bilal: era a piedi nudi, vestito di bianco, alto, decisamente un bell'uomo.

Ho messo subito le mani avanti. «Non posso trattenermi» ho detto. «Ho promesso di andare alla festa di compleanno di un bambino.» «Se permette l'accompagno, *haji* (signorina)» fa Bilal dandomi del lei. «Se proprio lo desidera...» rispondo io, altrettanto compita. Nel frattempo il mio conoscente e Shàzia avevano fatto rapidamente amicizia e si erano appartati nell'altra stanza per fare sesso, la donna matura e l'altro uomo se ne sono andati, perciò Bilal e io siamo rimasti soli. Lui ha acceso la tivù, io il telefonino: ma è venuta ben presto l'ora di andare. Lui ha chiamato il suo autista e siamo saliti in macchina. Prima di uscire si era cambiato e si era vestito di nero: mi ha detto che voleva essere in sintonia con me. Un po' incuriosita da quest'uomo gentile e importante, gli ho chiesto che lavoro faceva. «Sono a capo di un'agenzia all'aeroporto di Lahore, sono venuto a Karachi per qualche giorno, per affari.» Strada facendo, lui ha preparato una busta con tremila rupie per il bambino del compleanno: bel gesto. Poi ci siamo fermati per mangiare un boccone a un fast food di Clifton e lui ha dato cinquecento rupie a un povero: e questo mi è piaciuto moltissimo. Poi ha comprato un grande mazzo di rose per me: cos'altro potevo desiderare?

Alla festa sono rimasta sì e no dieci minuti, mentre lui mi aspettava in macchina. Sono tornata subito, avevo paura che se ne fosse già andato. Invece, per fortuna, era ancora là. Torniamo in albergo, Bilal mi mette in mano diecimila rupie: in quel momento squilla il mio telefonino e lui sente che c'è una voce maschile. «Ah, lei parla con altri uomini?» mi fa, piccato. Immediatamente gli rimetto in mano i soldi che mi aveva dato e gli dico arrivederci. «Mi scusi, non volevo farla arrabbiare» dice lui. E io: «Lei vuole solo fare sesso». Lui: «*Haji* non può dire questo, le assicuro che le donne non mi mancano». «Voglio andarmene, non accetto che qualcuno pretenda di decidere come devo o non devo vivere». A questo punto Bilal è improvvisamente passato al tu e alla voce dolce: «Fakhra, calmati, non voglio fare sesso a tutti i costi, sembri una scimmietta infuriata». Mi ha fatto sorridere.

Si era fatto molto tardi, abbiamo bevuto del buon Black Label e abbiamo deciso di andare a dormire: ho usato come camicia da notte una sua T-shirt che mi arrivava quasi alle ginocchia e ho dormito con la testa nell'incavo del suo braccio. Non abbiamo fatto sesso, neppure un bacio. Al mattino, quando mi sono svegliata lui stava guardando la tivù. «*Good morning, Madam!*» mi ha detto allegramente, baciandomi sulla fronte. «Vuoi fare colazione?» Io avevo una fame da lupi, ma non era buona educazione farlo vedere, perciò mi sono limitata a chiedere latte e biscotti.

«Vuoi fermarti con me?» mi ha chiesto. Avrei avuto una gran voglia di dire subito di sì, ma è una cosa che non si fa. «Non so se mamma sarebbe contenta...» Evidentemente Bilal conosceva questa formula: «Le mandi i soldi con un ragazzo e vedrai che lei sarà contenta». Mi sono fatta pregare un altro po' e poi ho accettato, mandando a mamma ventimila rupie perché Bilal ha voluto pagare mattina, pomeriggio e sera. Nel pomeriggio il suo autista mi ha portato a Clifton a fare shopping: ho comprato vestiti, sandali, profumi. Per lui ho scelto un'acqua di colonia un po' amara: *Cool Water*.

Ora ne tengo una bottiglia sul comodino, la sera me ne spruzzo un po' addosso e ripenso a quei primi giorni.

Che sfortuna! Proprio quel giorno mi arriva il ciclo. Imbarazzata, dico a Bilal: «Ti faccio venire una mia amica molto bella». «Non c'è bisogno» dice lui «mi piace stare con te.» Invece io, chissà perché, ho insistito e ho fatto venire Shabò, una mia cugina alta e formosa, io sono andata a dormire nella stanza di soggiorno e ho bevuto un bel po' per non sentire i morsi della gelosia. La mattina dopo è venuto Bilal, mi ha preso in braccio e mi ha deposto nel letto grande, in mezzo a loro due: ma io non ero dell'umore di scherzare e poco dopo ho detto: «Ora vado», anche se non avevo nessunissima voglia di andarmene. Shabò ha proposto a Bilal di restare, ma lui ha detto che aveva da fare. Così mia cugina e io siamo uscite insieme e siamo tornate ognuna a casa propria.

Il guaio era che casa mia non mi piaceva più. Mi sembrava buia. Non avevo voglia di stare con Nauman, né con mamma, né con altri. E invece mi sarebbe piaciuto parlare con qualcuno, raccontare quello che mi stava succedendo: ma sapevo che questo era impossibile, nella migliore delle ipotesi mi avrebbero trovato ridicola. In certe famiglie i fratelli picchiano una ragazza che s'innamora. Si racconta addirittura che una bellissima ballerina, Nadra, che è stata anche attrice cinematografica, sia stata uccisa dalla guardia del corpo, su mandato della madre, perché si era innamorata, voleva sposarsi e fare un'altra vita.

La sera stessa Bilal mi ha chiamato: «Vieni?». Io gli ho detto che ero spiacente, ma dovevo andare a una serata. Non era vero ma una donna non può far vedere a un uomo che è disposta a farsi mettere sotto i suoi piedi. La mattina dopo è squillato di nuovo il telefonino, ero sul balcone, ho visto il suo numero sul display, mi batteva il cuore: ho lasciato squillare a lungo, poi ho risposto. «Perché non vieni da me?» Quella volta gli ho detto di sì. Mi sono infilata uno *shelwar kamiz* bianco e sono andata a comprare da mangiare: *nan*, ceci, gallina, prugne, manghi, uva. Lui si è messo a ridere quando mi ha visto arrivare all'albergo con le mie grandi buste: una ballerina non va mai in giro con le buste della spesa. Nessuna donna lo fa, a meno che non sia veramente povera: c'è sempre qualcuno che porta i pacchi per lei. Mi disse mesi dopo che rideva perché quei manghi venivano proprio dalle sue terre. Io ero già così persa dietro a lui che pensavo solo a farlo stare bene, a fargli assaggiare tutto quello che c'era di buono a Karachi.

Quel pomeriggio sono arrivati i suoi amici, non abbiamo avuto molto tempo per stare soli, ma ogni tanto Bilal mi chiedeva: «Come ti piacerebbe una casa?», «E le tende di che colore?», «E la camera da letto come la vorresti?».

La sera sono andata a casa e per diversi giorni non l'ho più sentito. Ero molto triste e avevo una gran voglia di chiamarlo, ma ho resistito. Dopo una settimana finalmente ci siamo rivisti. E abbiamo fatto sesso. Siamo stati in albergo due giorni, mangiando poco o niente e passando la notte a guardare film indiani.

Questo nostro tempo ha cancellato il bacio in India e in Pakistan. I prodotti di Bollywood, l'industria cinematografica indiana, sono del tutto allineati alla severità di costumi che in Pakistan è stata instaurata nel 1980 con l'introduzione delle leggi

Fakhra una sera al Sangeet Mahal, il "Palazzo del canto e della danza".

Fakhra in convalescenza dalla prima operazione che le ha consentito, dopo due anni, di alzare di nuovo la testa.

Il piccolo Ciani, un cuginetto, in braccio al fratello di Fakhra, Tanvir; Fakhra; il cugino Amir e la sorella di Fakhra, Kiran.

Nella pagina accanto: in alto, la mamma di Fakhra, Munaver-Sultana; in basso, Kiran.

Fakhra con il figlio Nauman di pochi giorni.

Nella pagina accanto: in alto, Fakhra poco dopo il suo arrivo a Roma, fotografata in ospedale dal professor Cervelli; in basso, Fakhra all'ospedale Sant'Eugenio dopo un intervento al naso e agli occhi.

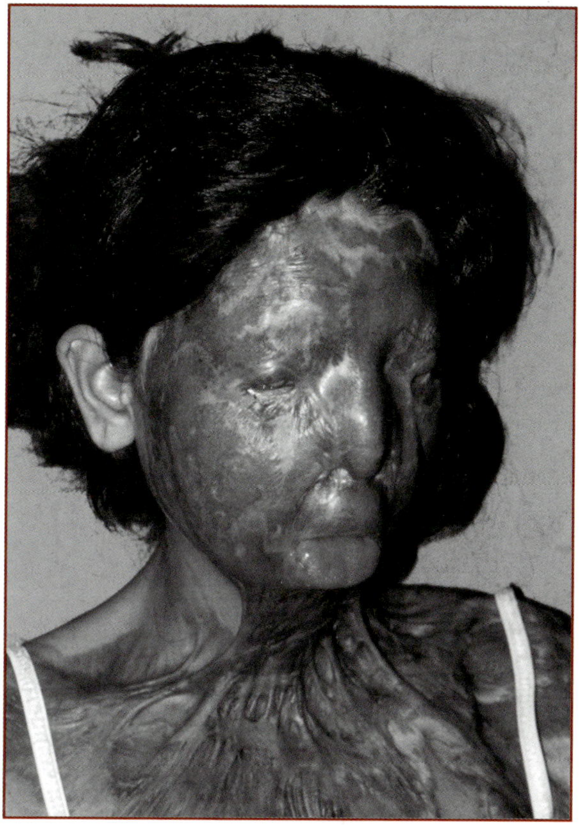

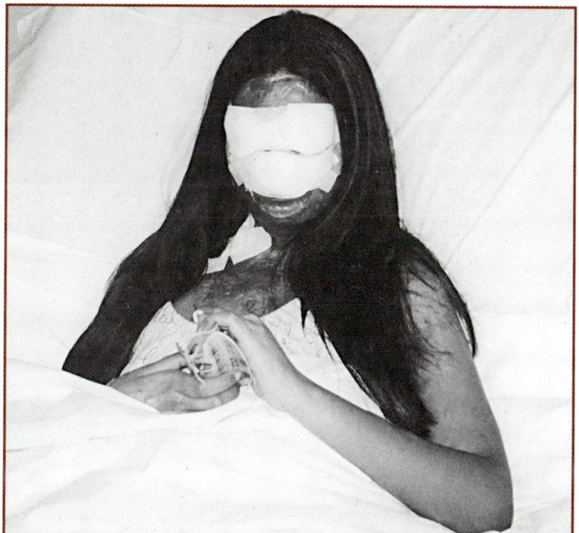

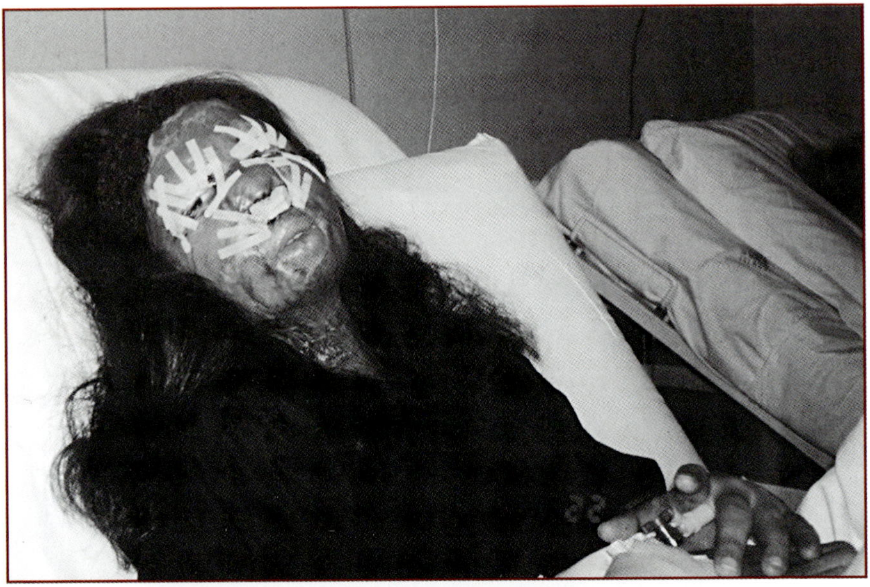

Fakhra con Clarice Felli, fondatrice di Smileagain, l'organizzazione che assiste le ragazze bruciate con l'acido.

Nella pagina accanto: in alto, Fakhra dopo un'altra operazione al naso e agli occhi; in basso, con Nauman in gita al lago di Turano, nel 2004.

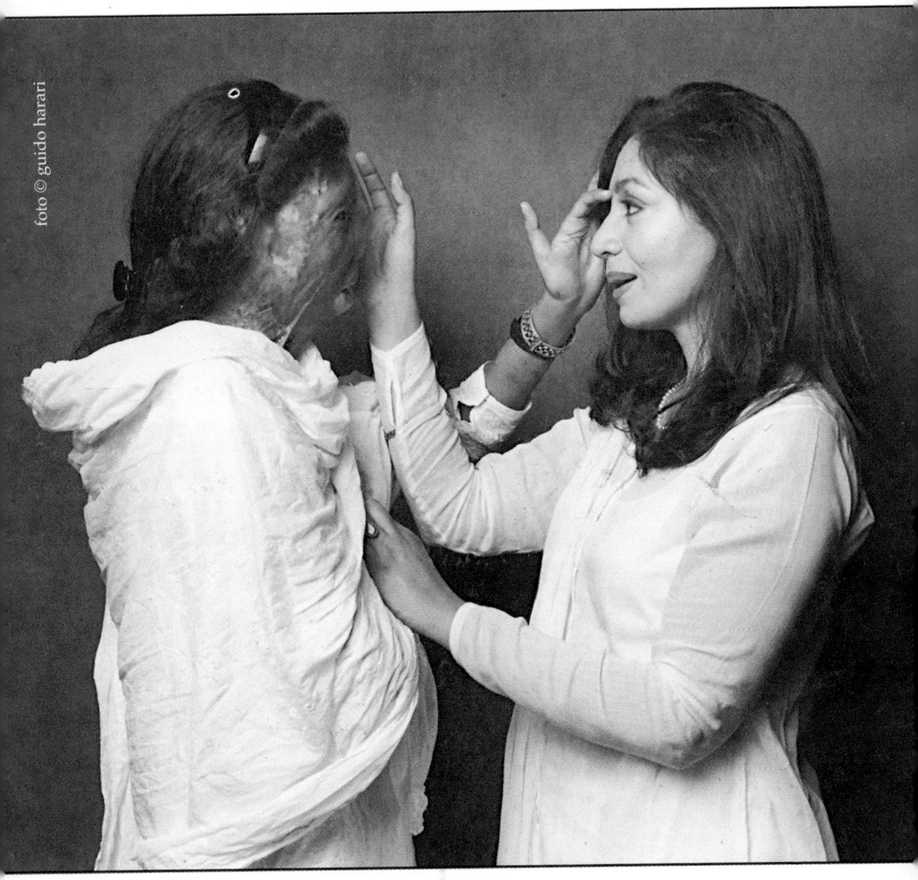

Fakhra con Tehmina Durrani, a Roma.

islamiche dette Hudood Ordinances. Da tempo nei film indiani, che dominano l'home video pakistano (perché è vietata la programmazione pubblica di film fatti in India, paese nemico), non ci si bacia più. Ci si guarda, si sospira, si stringono le mani, magari ci si accarezza i capelli: ma baci sulla bocca, quelli no. È un frutto proibito che si può gustare guardando, di nascosto dai membri più intransigenti della famiglia, una videocassetta o un DVD *americani.*

I film prodotti a Bollywood per il mercato interno offrono splendide immagini e splendide ragazze, molta melassa oppure truci storie di amori traditi e di vendetta: il tutto confezionato con un montaggio così lento da risultare improponibile nel mercato occidentale. In compenso in questi film si può vedere in filigrana quello che è, o si vorrebbe che fosse, un modello di vita rispettoso della tradizione eppure moderno. I genitori sono sempre rispettati, anche quando non capiscono le esigenze dei giovani, i giovani maschi studiano e vanno all'università, a volte le ragazze lavorano e vivono da sole. La violenza dei thriller americani non è contemplata, in compenso si assiste spesso a sonori ceffoni per banali divergenze, distribuiti con pari opportunità dall'uno e dall'altro sesso.

È stato tutto molto bello e allegro. Lui mi faceva ridere e nello stesso tempo era molto tenero con me. Mi diceva: «Sei come un uccellino, se ti tirassi forte un braccio potrei staccarlo». Io avevo vergogna di lui, mi coprivo la faccia col lenzuolo, non volevo che vedesse il mio corpo: lui così grande e bello, mentre io ero piccola, magra e di pelle tanto più scura della sua. Avevo paura che mi prendesse in giro. Invece Bilal era delicato, non pretendeva cose strane di sesso, mi abbracciava da dietro mentre io stavo raggomitolata come una creatura nella pancia della mamma. Il tempo volava, mi dava tristezza andare a casa. Non era solo sesso, a Bilal piaceva chiacchierare, vedevamo film insieme. Mi sembrava impossibile che preferisse me, con tante belle ragazze disponibili: gli sarebbe bastata una telefonata per averle.

Quando ha avuto voglia di fare shopping siamo andati

insieme a Tariq Road, una strada elegante dove tutto è molto caro. Per sé ha comprato vestiti, occhiali, scarpe, per me un profumo, due *shelwar kamiz* e un grandissimo panda di peluche.

Sono tornata qualche altra volta in albergo. Mi mandava a prendere dal suo autista o dal comune amico che ci aveva presentati e che si chiamava anche lui Bilal. Una volta quest'amico mi disse: «Se non ci sei tu Bilal non ha pace». Sul momento non ho dato molta importanza a questa osservazione. Un'altra volta mi ha detto: «Andiamo a una serata a casa di Bilal». E mi ha portato in una casa tutta nuova, esattamente come avevo detto che la desideravo: la camera da letto aveva tende e moquette grigio perla, mobili neri lucidi, moderni, e davanti al letto un mobile basso con la televisione e lo stereo. L'amico mi ha detto che Bilal in una settimana aveva fatto ridipingere anche la facciata del palazzo, che aveva voluto tutta bianca, per farmi una sorpresa.

Aveva fatto diventare realtà un mio sogno.

Queste cose naturalmente mi facevano piacere, ma non per questo ho pensato che lui si fosse innamorato di me: sapevo fin troppo bene che la passione di un uomo per una donna può essere passeggera. Io ero molto attratta da lui: eppure, non so perché, diffidavo. Avevo capito che Bilal era ricco e potente, ma non mi parlava mai del suo lavoro. Avevo saputo che era vissuto in Inghilterra per quindici anni, ma non mi aveva raccontato niente della sua vita. Una sera che io ero impegnata gli avevo proposto di mandargli una ragazza: prima aveva detto di no, poi aveva accettato. Disse poi che non avevano fatto sesso, ma io non gli ho creduto. Un pomeriggio, quando sono arrivata a casa sua, l'ho trovato che stava bevendo insieme a una signora matura, molto sexy, che abitava nell'appartamento di fronte. Avevo già visto quella donna e mi ero convinta che ci fosse un legame tra lei e Bilal. Quella volta lui disse che l'avrebbe riaccompagnata a casa – pochi passi – ma dopo due ore non era ancora tornato. Io sono andata a casa mia e quando mi ha telefonato per chiedermi di tornare ho detto che non mi sentivo bene. È capitato però che quella stessa sera un'amica mi ha invitata ad accompagnarla a una serata e lì ho incontrato Bilal. Imbarazzata, sono scappata via, lui mi ha telefonato immediatamente, insistendo molto perché andassi a casa sua. Ho ceduto, sono arrivata e lui era molto arrabbiato. «Mi hai tradito!» ha detto, dandomi un ceffone fortissimo. Ho detto a me stessa: «Adesso basta» e per una settimana non ho risposto alle sue telefonate. Poi mi ha chiamato il nostro comune amico per dirmi che Bilal stava molto male: sono andata, lo abbiamo portato all'ospedale dove ci hanno detto che erano solo i postumi di una colossale sbronza.

Dopo questa frase gli appunti sulla vita a Karachi si interrompono per cedere il posto a un breve messaggio in grandi lettere a stampatello perché Fakhra potesse copiarlo e digitarlo sul suo cellulare: «Dear Bilal, your calls upset me. I do not hate you but I prefer not to hear from you. Please do not call again» *(caro Bilal, le tue chiamate mi mettono in agitazione. Non ti odio ma preferisco non sentirti. Per favore non chiamarmi più).*

Quel pomeriggio, mentre Fakhra cercava di mettere insieme i pezzi della sua vita passata, il suo telefonino aveva preso a squillare. Un'occhiata al display e lei aveva subito respinto la chiamata. Era inquieta. «È Bilal» disse. Poco dopo, il breve fischio di un SMS *e sul display apparve un messaggio:* «Roses can cry, rivers can dry, u can forget but how can I?» *(le rose possono piangere (!), i fiumi prosciugarsi, tu puoi dimenticare, ma come posso dimenticare io?). Non era la prima volta che le mandava quel messaggino: ne era arrivato uno identico la settimana precedente. Quel pomeriggio il cellulare di Fakhra (che lei non spegneva perché Nauman era fuori Roma) squillò più e più volte. Lei era smarrita: una bambina in mezzo a una tempesta. Quella preghiera – per favore, non chiamarmi più – è servita a darle solo qualche giorno di tregua. Dopo pochissimi giorni, telefonate e* SMS *hanno ripreso a seminare ansia nella mente di una ragazza che con la testa rifiutava quello che il suo cuore non aveva del tutto rinnegato.*

A casa di Bilal c'erano feste tutte le sere e, se avevo bevuto un po', mi veniva voglia di ballare: lui però metteva il muso, voleva che ballassi solo per lui, con la porta chiusa. E mi proibiva anche di parlare con i suoi amici. «Non mi piace il modo in cui ti guardano» mi diceva «sei venuta per me, sei mia.» Si dispiaceva anche se mi mettevo a chiacchierare con un'altra ragazza: una volta che ero in cucina con un'amica mi ha preso in braccio e mi ha portato in camera da letto. Mi disse una frase che sul momento mi fece tenerezza: «Sono molto solo, quando ti prendo in braccio mi sento forte e non sono più solo». Ho saputo dopo che aveva tre figli e che si era già sposato quattro volte. A quell'epoca non avevo neppure idea di chi fosse Bilal: avevo capito che era ricco, che era istruito e che parlava inglese come un inglese. Solo qualche giorno dopo il nostro matrimonio ho scoperto che era figlio di Mustafa Khar, uno dei più grandi signori feudali del Pakistan.

Non credevo, o almeno non credevo del tutto, alle proteste d'amore di Bilal: ma la verità è che io non riuscivo a fare a meno di lui e non avevo più voglia di andare a ballare per altri o di incontrare le solite amiche. Dopo un paio di mesi che ci frequentavamo, una sera che eravamo in compagnia di altre persone, Bilal mi ha chiesto: «Mi sposi?». «Sì, sì» ho risposto io ridendo: ero convinta che scherzasse.

Una sera che aveva bevuto troppo – quando beveva Bilal diventava cattivo oppure tenero e bisognoso di affetto – mi raccontò la storia di sua madre, Safyia Niasi. Il padre di Bilal, Mustafa, quando era sposato con lei, una bella donna che faceva la hostess sugli aerei, forse geloso delle occhiate che i passeggeri potevano rivolgerle, le aveva fatto lasciare il lavoro e l'aveva mandata a vivere nella casa di campagna. Una casa con tutte le comodità e con molti servitori, ma lontana da Lahore, dalla sua famiglia, dagli amici. Dopo qualche mese di solitudine Safyia si era lasciata consolare dal fratello del marito e insieme erano fuggiti a Londra. Bilal aveva allora otto anni. «Ti rendi conto di cosa ha fatto?» diceva Bilal. «Io mi vergognavo davanti a tutta la famiglia. Le nostre mogli non possono fare questo!» In fondo al cuore non l'aveva mai perdonata: anche se l'aveva frequentata a Londra quando Mustafa, che in quel periodo era sposato con Tehmina, dovette vivere in Inghilterra, esiliato per ragioni politiche.

Safyia e il *chacha* (lo zio) di Bilal vissero insieme per dieci anni, poi lui morì e Safyia tornò a Lahore dove l'ho conosciuta dopo il matrimonio con Bilal. Mi ha accolto gentilmente, c'è stata simpatia tra noi, mi ha telefonato anche recentemente, a Roma. Quando ripenso a certe cose che mi ha detto su Bilal, mi sorge il dubbio che volesse mettermi in guardia sul suo conto. La prima cosa che ha osservato vedendoci insieme è stata: «Sei l'unica donna che parla davanti a Bilal». Sul momento non ho dato importanza a questa frase ma mi è tornata in mente qualche tempo dopo osservando il comportamento dei servi. Quando Bilal chiamava qualcuno di loro questi arrivava di corsa e poi, a testa bassa davanti a lui, mormorava: «*Jeeh, sahib*», sì, signore, aspettando ordini con aria spaventata. Quando voleva essere cordiale con un domestico Bilal lo apostrofava: «Scemo, hai mangiato?». Un giorno gli ho chiesto: «Come mai hanno tutti paura di te?». «È la nostra cultura» mi rispose. E così mi chiuse la bocca. Ben più inquietante fu un episodio che mi raccontò Safyia: una volta, a Londra, Bilal aveva litigato con una ragazza e l'aveva picchiata fino a farle uscire sangue dagli occhi.

Purtroppo quando si è innamorati si è ciechi e sordi e a nulla serve che qualcuno cerchi di farti vedere e capire.

Credevo invece ciecamente a qualsiasi cosa mi diceva Bilal: in un'altra delle sue serate di abbandono alle confidenze mi raccontò che aveva avuto due mogli (e invece erano state quattro) e che aveva due figli (ed erano tre). La seconda moglie, Ruxane, era anche sua cugina perché la mamma di Ruxane era stata la prima moglie di Mustafa, di cui era cugina, e poi, in seconde nozze, aveva sposato un fratello di Mustafa dal quale aveva avuto Ruxane e altri figli. Bilal mi raccontò che lei aveva tentato di avvelenarlo. «Povero caro, quanto devi avere sofferto!» gli dissi, sempre pronta a credere a qualsiasi cosa mi dicesse.

Ero innamorata persa, è vero, ma continuavo ad avere paura del matrimonio. E anche a sentirmi in colpa per la sola idea di sposarmi: era qualcosa che pensavo di fare solo per la mia felicità, dunque un atto di egoismo. Sapevo che, una volta diventata moglie, non avrei più potuto provvedere alla mia famiglia con la stessa larghezza. D'altra parte però non volevo perdere Bilal. A nessun costo.

Forse fu per l'indecisione che continuavo ad avere in fondo all'anima che una mattina mi dimenticai di andare a sposarmi. Bilal mi aveva detto: «Domattina alle dieci vieni in tribunale che ci sposiamo». Forse non ero ancora del tutto convinta che facesse sul serio: o forse ero andata a letto troppo tardi e per questo ho dormito tutta la mattina, con il cellulare spento.

Dopo il mancato appuntamento Bilal si è molto arrabbiato e per un po' di tempo non ha più parlato di matrimonio. Io però mi accorgevo giorno dopo giorno che il nostro era un legame serio: era cambiato l'atteggiamento degli amici nei suoi confronti, non dicevano più battute volgari, almeno in mia presenza, non gli passavano più telefonate di ragazze e mi chiamavano Bhabi. E una sera ricevetti una telefonata da Nisha, la figlia di Tehmina alla quale lui era (ed è ancora) legato da grande affetto, che mi ha detto: «Ti prego, sposalo, mio fratello è innamoratissimo di te».

Ma quello che mi ha più colpito è stata la richiesta di andare a parlare con mamma. Lei chiese che Bilal comprasse una casa intestandola a me e che mettesse in banca una forte somma a nome di Nauman e un'altra a nome mio. Lui promise ma appena usciti mi manifestò il suo imbarazzo: «Come posso in pochi giorni fare tutto quello che mi chiede?». E io, come si può immaginare, dissi subito che i soldi non m'interessavano, che solo l'amore conta eccetera eccetera. E conclusi: «Ci sposiamo e basta».

Il giorno del matrimonio – una mattina d'estate – mi sono lavata la faccia, mi sono messa uno *shelwar kamiz* color panna e sono andata al City Court, il tribunale. Tutto si è svolto molto in fretta, pochi minuti, e poi ci siamo trasferiti in uno studio privato per regolarizzare la nostra unione davanti a un mullah. «In caso di divorzio quanto chiede?» La domanda era rivolta a me ma fu Bilal a rispondere: «Scriva quello che vuole la sposa». E io: «Niente, non voglio niente. E poi perché questo matrimonio dovrebbe finire?». Lui mi regalò un anello con un brillante e un grande mazzo di rose rosse. Sono diventata così Mrs Malk Bilal e siamo stati marito e moglie. O per meglio dire: sono diventata la moglie di un uomo che non mi aveva ancora detto come si chiamava. Per quanto ne sapevo io allora, ero diventata la signora Bilal: quello infatti credevo che fosse il nome di famiglia, lui non mi aveva detto che era un Khar, nome che in Pakistan conoscono tutti perché è quello di una delle famiglie più potenti del paese. Fu un amico di Bilal, Zen, ad aprimi gli occhi una sera. «Ma tu sai che tuo marito è il figlio di Mustafa Khar?» Bilal rideva e mi chiese: «Sei contenta di essere la nuora di Mustafa?». E io: «Senti tu, io ti ho sposato per essere tua moglie, non la nuora di Mustafa». Per me noi eravamo soltanto Bilù e Patò, i soprannomi che ci eravamo dati nei primi giorni del nostro amore.

Come ho già detto, quando ci s'innamora non si ragiona più con la testa: ma per quanto innamorata non ero però totalmente arresa. La sera stessa del matrimonio dovevamo andare a cena con un suo amico e io mi ero messa un vestito all'occidentale, con la gonna che mi arrivava al ginocchio. «Ti si vedono le gambe!» esclamò lui, scandalizzato. «Bene, vuol dire che resterò a casa.» E così fu. Anzi, tornai a casa mia, anche per stare un po' con Nauman, che aveva allora quattro anni. Non avevo detto del matrimonio né a mamma, né a mia sorella, né a nessuna delle amiche: sapevo che mi avrebbero solo criticato, o magari insultato.

Bilal era un po' irritato da questo mio silenzio con parenti e amici. «È incredibile! Sei mia moglie e non lo fai sapere a nessuno!» Era inutile cercare di spiegargli la diversa mentalità del mondo della danza, perciò cercavo di barcamenarmi tra quello che sembrava giusto a lui e quello che sembrava giusto alla mia famiglia. Quando finalmente ho detto a mia sorella che mi ero sposata, lei ha creduto che scherzassi. «Ma sì, ti assicuro, è proprio vero» dicevo io. E lei: «Ma come hai potuto sposarti, tu che hai un figlio?».

Le sue parole rinnovarono la mia inquietudine: non ero affatto sicura di aver fatto una cosa giusta sposandomi, ma allora speravo ancora che sarei stata capace di aggiustare tutto.

Ci provai portando Nauman a vivere con noi, nella casa di Bilal. Si erano già conosciuti, Nauman aveva avuto in regalo un grande pupazzo di peluche e Bilal gli aveva fatto preparare una stanza adatta a un bambino. Nauman non protestò, ma io mi accorsi presto che non era contento: lo avevo tolto dalla *sua* casa, dove poteva stare con la zia che lo aveva cresciuto e che viveva al piano di sopra. Nel quartiere Defence, dove abitavamo, finiva per stare spesso solo: quando c'era Bilal in casa io stavo con lui e lui non era tipo da perdere tempo con i bambini.

Bilal stava spesso in casa. I suoi impegni di lavoro erano rari e non mi aveva mai chiarito di cosa si trattava, ma io non mi meravigliavo più di tanto delle sue lunghe permanenze: anche Hemat andava raramente in ufficio. Lui, come tutti quelli che contano, mandava gli altri a lavorare e riceveva invece moltissimi regali, anche oggetti d'argento con sopra inciso il suo nome, Hemat.

Bilal era terribilmente geloso: controllava tutti i miei movimenti, non si fidava di quello che gli dicevo. Quando andavo dal parrucchiere o dall'estetista non mi chiamava mai sul cellulare, ma sul telefono del salone, per verificare se ero davvero là.

Una sera giocavo con Nauman nella sua stanza in compagnia di mio cugino Ranah: aspettavamo il ritorno di Bilal, momento nel quale sarebbe scattata per Nauman l'ora di dare la buonanotte a tutti. Ma il tempo passava e Bilal non tornava, così piano piano ci siano addormentati tutti e tre. Mi ha svegliato Bilal nel cuore della notte. «Vieni in camera» mi ha detto. E là, senza aggiungere una parola, mi ha massacrato di botte. Dopo, come sarebbe successo molte altre volte, si è messo a piangere e mi ha chiesto scusa. Ha detto che la presenza di un uomo nella stanza dove io mi ero addormentata gli aveva fatto perdere la testa. L'ho perdonato, abbiamo fatto pace, a mamma ho detto che il mio occhio nero era stato causato da una palla da baseball tirata maldestramente da Nauman.

Una moglie pakistana

Tra baci e schiaffi – ma più baci che schiaffi – vivevamo a Karachi in un mondo fuori dalla realtà: una lunga luna di miele, con qualche baruffa, è vero, ma con tanti momenti felici. Bilal era molto possessivo, mi diceva: «Non truccarti, non parlare tanto, non lasciarmi mai neppure per un attimo» ma era un comportamento normale per un marito pakistano. Vivevamo per noi due e, a parte Nauman, ci eravamo tagliati fuori dalle nostre famiglie. C'era però un problema: Bilal era a corto di soldi. «Andiamo a Lahore: è necessario parlare con papà» mi disse un giorno. Aveva l'aria preoccupata: capii subito che lo spaventava l'idea di dirgli che ero una ballerina.

Preparai una valigia con un paio di vestiti, affidai Nauman a mia sorella e passai a mamma i soldi che mi aveva dato Bilal: ero pronta a partire per un breve viaggio, non sapevo che nella testa di Bilal quello doveva essere un trasferimento. Ho saputo dopo che aveva ceduto agli amici la nostra casa di Karachi.

A Lahore abbiamo abitato per una ventina di giorni in albergo. Allora non sapevo che non potevamo andare a casa sua – che era parte della residenza di Mustafa – perché ci abitava ancora Ruxane, la sua quarta moglie. Una donna fortunata, questa moglie-cugina: l'unica che Bilal non ha mai osato picchiare perché le conseguenze della collera della sua potente famiglia avrebbero potuto essere terribili. Bilal è rimasto a vivere con lei dopo che io sono partita per l'Italia e hanno fatto un altro figlio, ma poi Ruxane se n'è andata, non so perché. Ha portato con sé l'ultimo nato, mentre i primi due, un maschio e una femmina, sono rimasti con la mamma di Bilal.

Pochi giorni dopo il nostro arrivo siamo andati a fare un weekend a Islamabad. È stato bello: pioveva, noi parlavamo e ridevamo. È stato qui che Bilal ha cominciato a essere ancora più restrittivo sul mio modo di vestire: «Mettiti uno scialle, non voglio che qualcuno possa vedere le braccia di mia moglie». Io dicevo «va bene» perché ero felice e perché mi piaceva stare vicino a quell'uomo importante che mi faceva sentire protetta. Per paura di infastidirlo non osavo chiedergli «quando mi presenti a tuo padre?», né osavo dirgli che avevo una pena in fondo al cuore, la lontananza da mio figlio.

All'inizio del 2000 il Pakistan è un paese sospeso tra passato e presente. Un paese in cui il medioevo coesiste con il terzo millennio. A breve termine non è chiaro chi vincerà, tra il piombo della tradizione e il vento del nuovo, cioè della richiesta di giustizia sociale e di diritto alle libertà personali, in particolare per le donne. Ma quello che si percepisce in Pakistan è la sensazione di insopportabile ingiustizia per casi che una volta venivano archiviati con un rassegnato «si è sempre fatto così».

Un esempio: il karo-kari, *il delitto d'onore. Un'antica legge tribale consente, tra l'altro, di uccidere chi si sposa contro il volere della famiglia. Un caso che ha sollevato scalpore è quello accaduto a due maturi innamorati, medici entrambi, quarantasette anni lui – Ghulam Mustafa Solangi, dermatologo – quarantaquattro lei, Amnat Solangi, ginecologa. Il matrimonio, celebrato con il consenso della madre della sposa, era però avversato dai fratelli che vedevano in Amnat una cospicua fonte di reddito per la famiglia. Una riunione della* jirga *– il consiglio dei capitribù anziani, in teoria proibito dalla legge – aveva autorizzato i fratelli a uccidere i due sposi, che si rifiutavano di divorziare. I coniugi Solangi, costretti a vivere in clandestinità dopo un attentato andato a vuoto,* *hanno partecipato nel luglio 2004 a una trasmissione televisiva durante la quale il ministro di Giustizia ha promesso di proteggerli e ha annunciato una proposta governativa per la revisione delle leggi islamiche e l'equiparazione del delitto d'onore a omicidio premeditato.*

Da Islamabad siamo andati a Merin, un luogo incantato a 1900 metri, tra le montagne dove ancora vivono i leopardi della neve. Nessuno può dare la caccia a questi animali ormai molto rari, al massimo ci si può appostare nella speranza di vederli da lontano. In ogni caso Bilal quella volta non aveva nessuna voglia di cacciare: ha fatto aprire la discoteca due ore prima del previsto, abbiamo ballato da soli, felici della nostra solitudine, mi ha portato al parco giochi dei bambini, parlavamo e ridevamo, tutto era motivo di allegria, anche il fatto che io avessi lasciato cadere il bicchiere del milk-shake in mezzo al ristorante pieno di clienti eleganti. Probabilmente Bilal era anche lusingato nel vedere la mia sorpresa per il suo potere: per strada tutti lo salutavano, chi lo conosceva già lo chiamava per nome, gli altri gli rendevano omaggio. La famiglia Khar aveva ceduto del terreno per fare di Merin una meta di vacanze e questo aveva fatto sì che, tra le altre cose, ci fosse un elicottero sempre pronto ad alzarsi in volo per andare a prendere Mustafa.

A Islamabad comprai un profumo per Nisha, l'amata sorella – sorellastra, per l'esattezza – di Bilal, che mi aveva telefonato a Karachi per convincermi a sposarlo. Tornando da Merin in automobile l'abbiamo presa con noi per un breve tragitto a Lahore. Come entrò in macchina, appena mi ebbe visto, esclamò: «*How cute!*», che carina. Nacque in quel momento una simpatia immediata tra noi, una simpatia che ci lega ancora oggi. E oltre a questo io le devo gratitudine per quello che è successo in seguito.

Nelle famiglie ricche, in Pakistan, si parla in inglese: i figli vengono mandati appena possibile a studiare in Inghilterra, o negli Stati Uniti, o in Canada e tornano con la preferenza per la lingua e gli sport di quei paesi: non a caso il Pakistan ha una delle più forti squadre di cricket del mondo e ospita un famoso torneo internazionale di polo. Parlavano inglese tra loro anche Bilal e sua madre quando io ero presente: e magari l'uno o l'altra avevano appena finito di parlare urdu con me. Dai nomi che facevano capivo che parlavano di ragazze: mi sono sempre chiesta se era un modo per escludermi dalla conversazione o forse, da parte di Safyia, per sottolineare la differenza di classe tra loro e me.

A parte questo dettaglio, la madre di Bilal mi aveva accolto con cordialità. Il nostro incontro era avvenuto una sera, in ospedale. Bilal era tornato in albergo e mi aveva detto: «Mamma sta male, è stata ricoverata, andiamo». Io ero contenta ed emozionata. Contenta perché Safyia già aveva fatto un gesto gentile nei miei confronti mandandomi una borsa, un vestito e un profumo; emozionata come qualsiasi ragazza pakistana la prima volta che viene presentata alla madre di suo marito. Mi ero messa uno scialle sulla testa in segno di rispetto e le avevo parlato con il «lei», chiamandola «*auntie*», Safyia mi rispose dandomi del «tu». L'avevo trovata simpatica, moderna, aperta. Siamo rimasti con lei tutta la notte.

La mattina successiva arrivò Alì, il più giovane dei figli di Tehmina. Mi salutò con deferenza chiamandomi Bahbi ma Bilal fu pronto a metterla sullo scherzo dicendogli: «Hai visto che moglie nera mi sono preso?». Alì, galante, aveva risposto: «È una gran bella ragazza». Qualche giorno dopo arrivò a far visita a Safyia la prima moglie di Bilal, Bobo, con la figlia nata dal loro matrimonio, Arush, che aveva allora dieci anni. Bellissime tutt'e due: alte, eleganti, moderne. Bilal uscì dalla stanza quando arrivarono e Arush rivolse al padre solo un fuggevole sorriso: non si scambiarono neppure una parola. Ho avuto occasione di rivedere Bobo in seguito, a casa di Tehmina, dove Safyia andò a vivere quando uscì dall'ospedale. Una donna non solo bella, ma anche istruita, di buona famiglia, gentile: perché con Bilal si erano separati così male da non parlarsi più? Non osavo chiedere spiegazioni a nessuno, ma mi si annidava nel cuore la paura.

Se il ghiaccio era stato rotto con la mamma, con una sorella e un fratello di Bilal, e soprattutto con Tehmina (che aveva subito detto a Bilal: «Se avete problemi venite a casa mia»), non c'era invece nulla di nuovo per quanto riguardava il padre. Qualche volta Bilal mi diceva: «Vado a caccia con papà, voglio parlargli di te», ma io sapevo che non era vero: e infatti tornava e non faceva parola di quel che era successo. Mio marito era il figlio prediletto di Mustafa e il padre era stato pronto a perdonarlo quando, in passato, Bilal aveva dilapidato somme enormi per i suoi capricci: ma questa volta Mustafa si era impuntato e aveva tagliato i viveri al figlio. «Prima lasci quella ragazza» era stato il suo ultimatum. Bilal resisteva ma aveva il fiato corto. Una sera, in albergo, mi disse: «Ho finito i soldi».

È stato in quel periodo che ho cominciato a fumare hashish, medicina per tutti i problemi.

Il problema però rimaneva e una mattina Bilal mi annunciò che saremmo andati ad abitare nella casa di una sua donna di servizio. Io non volevo turbarlo con le mie domande, né davvero abbandonarlo mentre attraversava un momento difficile per causa mia. Dopo qualche giorno però gli dissi: «Non ce la faccio più». Si mise allora a cercare una casa per noi: da una parte ero contenta, dall'altra sempre più preoccupata perché vedevo allontanarsi il giorno del ritorno a Karachi. Sapevo da mia sorella che Nauman era triste e chiedeva sempre quando sarebbe tornata la sua mamma.

Una sera trovai finalmente il coraggio di parlare a Bilal e dirgli la ragione della tristezza che avevo nel cuore. Lui fu affettuoso, mi abbracciò e mi disse: «Dammi un po' di tempo e vedrai che sistemerò tutto». Usciva la mattina a cercare casa, non voleva che lo accompagnassi. Trovò un alloggio nel verde del quartiere Defence: soggiorno, due stanze, un grande balcone. L'arredamento fu per necessità ridotto al minimo: un materasso per terra, alcuni cuscini, qualche mobile per la cucina e un registratore, che era di Safyia. Tehmina prestò i primi soldi, in seguito fu Safyia a pagare l'affitto e a darci il denaro per mangiare.

Anche qui ci furono giorni dorati e giorni neri, momenti dolci e parole amare, lacrime e baci. La mattina, e qualche volta anche la notte, la passavo in ospedale con mia suocera, ma il resto della giornata era terribilmente lungo. Bilal era affettuoso: insieme chiacchieravamo, ridevamo, facevamo la doccia, uscivamo la sera tardi a prendere un milk-shake. Qualche volta fumavamo hashish, una droga leggera che mette fame e allegria: le sere in cui aveva comprato hashish Bilal faceva anche una grande spesa e preparava da mangiare. Io di solito avevo molto meno appetito di lui, ma quando mi scattava la fame lui era felice e mi diceva «*mashalà*», questo fa bene. Era bravo in cucina, Bilal. «Patò, Patò, cosa vuoi per colazione?» mi chiedeva e spesso mi faceva i funghi col peperoncino o la frutta con la crema. E mi chiamava uccellino, gallina, o piccola rompiscatole se protestavo per qualche ragione. Se ero triste veniva dietro di me, mi abbracciava e diceva: «Lo so che ti manca Nauman, ma vedrai che le cose cambieranno». E mi diceva anche: «Quando dormi io ti parlo» e voleva che ci addormentassimo abbracciati perché si sentiva solo.

Non rimpiangevo vestiti e gioielli, ne avevo avuti tanti, sarei stata pronta a mangiare tutti i giorni *dal rotì*, pane e lenticchie, il più povero dei piatti dei pakistani poveri: amavo Bilal, mi bastava stare con lui. Mi sembrava strano però che a trentasette anni Bilal dovesse ancora dipendere dal padre. Quando era stato eletto al parlamento aveva lavorato bene, dicono che abbia aiutato molta gente: ma nei tempi difficili che abbiamo vissuto insieme, quando abbiamo anche dovuto cambiare casa e prenderne una di una stanza sola, non ha mai pensato di cercare un lavoro.

Era anche assurdamente geloso e con strane idee su quello che una donna della famiglia Khar può o non può fare. Non gli piaceva che aiutassi nelle faccende la ragazzina che ogni tanto veniva a pulirci casa. «Mrs Bilal non fa queste cose!» diceva. Se uscivo sul balcone mi osservava severamente. «Le nostre donne» e intendeva dire le donne Khar «non si espongono in questo modo. Tu sei una donna di Napier Road, sei abituata a troppa libertà.» «Certo» gli rispondevo io «lo sapevi, non sono una suora.» Erano risposte come questa che spaventavano Safyia. «Non rispondere a Bilal» mi raccomandava. Io non potevo uscire senza di lui, una volta che ero andata da sola al salone di bellezza vicino a casa per farmi ritoccare le sopracciglia mi ha picchiata. Era geloso dei medici dell'ospedale, che secondo lui mi guardavano, geloso del marito con i capelli grigi di una sua amica più anziana di noi, dalla quale eravamo andati a cena, perché mi aveva guardato con troppa attenzione; geloso di una nipote lesbica di Safyia. E se qualche volta mi truccavo sospettava che aspettassi qualcuno. Mi era proibito di vedere amiche e parenti che avevo a Lahore, una sola volta Bilal ha accettato di andare a cena dalla cugina buona, Badjiba, la moglie dell'uomo politico.

L'unico svago era andare qualche volta, insieme naturalmente, a casa di Tehmina, dove abitava allora la mamma di Bilal. Una volta siamo andati con lei a Faisalabad, la città dove in quel momento viveva sua sorella. In quella casa sono stata trattata come una signora e sarei stata contenta di rimanere qualche giorno: ma non avevo fatto i conti con la presenza di un cugino di vent'anni. La notte Bilal, piangendo, mi disse che quel ragazzo mi aveva guardata e che lui non poteva sopportarlo. E siamo tornati a Lahore.

Questa vita da prigioniera che mi veniva imposta da Bilal mi faceva annegare nella noia e mi irritava: ma non era scandalosa in un matrimonio pakistano. Nel mio paese una brava moglie deve sottostare ai desideri del marito, aspettarlo in casa, non uscire mai, non scoprire le braccia, meno che mai far vedere le gambe con un vestito all'occidentale, parlare solo se interrogata e soprattutto senza mai alzare gli occhi se ci sono estranei. E se qualche volta lui la picchia deve portare pazienza.

C'era, è vero, qualche voce che mi metteva in guardia. La signora che abitava al piano di sotto mi diceva: «Cosa aspetti a lasciarlo? Tra qualche anno sarà lui a lasciare te per prendersi una moglie più giovane, o semplicemente diversa. E tu non potrai più tornare a fare la ballerina».

In una realtà di spaventosa discriminazione verso le donne (la cui testimonianza in tribunale, dopo il 1980, vale la metà di quella di un uomo) esiste in Pakistan una galassia di associazioni femminili, mentre migliaia di formichine operose riescono, nonostante tutto, a conquistarsi indipendenza e anche prestigio nelle professioni e nell'insegnamento, solo raramente nel settore economico.

Shirkat Gah, espressione che significa «luogo di partecipazione», che è stato fondato nel 1975 come collettivo femminile, oggi ha uffici a Lahore, Karachi e Peshawar. Organizza corsi di formazione, azioni di solidarietà e pubblica interessanti ricerche sul campo nell'intento di «fare da ponte tra la realtà della vita delle donne e la politica». Il WAF *– Women's Action Forum – è nato a Lahore nel 1981 con l'intento di contrastare le Hudood Ordinances e ha uffici anche a Islamabad e a Karachi. Il* SAWNET *– South Asian Women's Network – ha un sito in cui vengono discussi i problemi e le istanze delle donne di tutta l'area del Sudest asiatico. Women Living under Muslim Laws promuove «dal di dentro» le lotte delle donne di tutti i paesi e le comunità musulmani. E oltre a questi gruppi più noti altri ce ne sono che promuovono il finanziamento, con un sistema di microcredito, a piccole imprese femminili; oppure gli interessi delle donne nel settore della salute e della riproduzione, le istanze di bisessuali e lesbiche, i rapporti tra appassionate di cricket e molti altri ancora.*

Safyia in quel periodo si dava da fare per trovare un lavoro a Bilal. «Vedrai, vedrai» mi diceva sempre lui «ora cambierà tutto.» E invece nulla cambiava: lui sempre senza un'occupazione, sempre interessato solo alla caccia, noi sempre senza soldi. Io m'irrigidivo, litigavamo, il rapporto peggiorava: ma il matrimonio era ancora solido. A letto facevamo la pace.

Un giorno venne a trovarci un amico di Bilal, Balosh, un poliziotto del Sind che in passato era stato aiutato da Bilal. Ovviamente non c'era modo di ospitarlo nell'unica stanza dove vivevamo. Si offrì di accoglierlo la signora del piano di sotto: ma Balosh rimase molto colpito dalle condizioni in cui ci trovavamo e insistette perché tornassimo a Karachi. Umiliato, Bilal dovette confessare che non aveva neppure i soldi per pagare i biglietti. Li comprò Balosh e dopo diciassette ore di treno arrivammo a Karachi, dove per qualche tempo abbiamo abitato nella sua povera casa che non aveva neppure una cucina.

Dopo qualche giorno abbiamo affittato una stanza con una piccola cucina e un bagno. Una volta aggiunte le tende, poi la televisione, un materasso e qualche cuscino, è diventata «casa». Io però non ero ancora contenta: a quella casa mancava mio figlio, che Bilal non mi aveva ancora permesso di vedere perché lui non voleva accompagnarmi a Napier Road. «Dammi ancora una settimana di tempo» implorava. Passata un'altra settimana il nodo è venuto al pettine e abbiamo litigato. Quella volta Bilal ha ceduto: «Telefona, di' che vengano con Nauman al ristorante Village».

È stata una serata di grandi emozioni. Kiran era arrabbiata con me perché non telefonavo da mesi, io non volevo dire davanti a Bilal che non mi era stato permesso di telefonare, Nauman stava zitto e non ha voluto mangiare, io piangevo. In un momento di silenzio si è sentita la vocina di Nauman che ha detto: «Mamma, voglio stare con te. Puli mi picchia». Mentre parlava, Nauman guardava me negli occhi. Nel sentire quelle parole anche Bilal ha guardato me, io ho guardato lui con aria interrogativa: «Dove lo mettiamo?» chiedevano i miei occhi. «Sì, va bene» ha detto Bilal guardando il mio bambino. In quel momento gli ho voluto bene.

Nauman è venuto ad abitare con noi con il solo vestito che aveva indosso: senza giocattoli, senza la bicicletta, senza nulla del suo piccolo mondo precedente. Ma io ricordo i giorni che seguirono come un momento felice: Bilal lo aveva subito iscritto a scuola e lo andava a prendere all'uscita, io li aspettavo a casa e giocavo con Nauman, cercando di vincere la sua timidezza e l'abitudine al silenzio.

Dopo una settimana scoppiò un'altra tempesta. Nauman dormiva nel nostro letto e, nonostante questo, Bilal voleva fare l'amore. «Dorme» mi diceva. «Potrebbe svegliarsi» ribattevo io. Ma era difficile opporsi alla volontà di Bilal: una volta aveva concluso queste discussioni con un potente ceffone. E una notte accadde proprio quello che io temevo, Nauman si svegliò. Fu un momento orribile: avevo la sensazione di rivivere i momenti in cui mamma portava gli uomini a casa, a parti invertite, questa volta. Mi alzai, presi Nauman e andai a casa di Auntie Shàzia, una donna energica, zia di Nazia, a Napier Road. Poco dopo arrivò Bilal in lacrime, supplicò Nauman che mi convincesse a tornare, disse che io ero un dono che Dio gli aveva fatto e che non voleva perdermi, che avrebbe rispettato la mia volontà eccetera, eccetera. Contro il parere di Shàzia, tornai: con Nauman, naturalmente.

A poco a poco Bilal aveva ripreso a vedere i vecchi amici. Uno di questi era Aziz Baloch, capo dei vigili urbani. Si meravigliò quando vide dove abitavamo: «Non potete continuare a vivere qui!». Insistette perché andassimo qualche giorno a casa sua e poi per pagarci lui un nuovo appartamento. In cambio Bilal lo aiutava nel suo lavoro: grazie alle sue conoscenze poteva facilitare i rapporti con gli uffici della burocrazia.

La nuova casa, anche questa volta nel quartiere Defence, era molto gradevole e dava a Bilal la voglia di fare progetti. Voleva un figlio da me: o per l'esattezza una figlia. Ed era convinto che prima o poi suo padre ci avrebbe accettati. Mi diceva: «Vedrai che un giorno ti chiamerà e ti dirà "tu sei mia nuora"». Avremmo potuto essere felici.

Ma Bilal era ammalato di gelosia. Sospettava di tutto e di

tutti. Se andavamo a fare picnic con qualche amico lo vedevo improvvisamente rabbuiarsi perché cominciava a sospettare che uno di loro mi guardasse. Inutilmente mi vestivo con grande modestia e tenevo sempre gli occhi bassi. Avevo anche preso l'abitudine di coprirmi i capelli col velo islamico. Piano piano mio marito mi andava convincendo che ero brutta: in ogni caso non facevo più niente per apparire bella. Tutto questo però non bastava a tranquillizzarlo. Bilal spesso interrogava Nauman sul mio passato: non so se Nauman capiva i sospetti che si annidavano dietro quelle domande insidiose, so che lo spaventavano molto.

Anch'io avevo ormai paura di lui. Un giorno che Nauman si era fatto male cadendo da una sedia l'ho preso in braccio e sono andata fuori per cercare un medico. E mentre correvo con il bambino insanguinato tra le braccia mi cresceva dentro la paura: sapevo che Bilal si sarebbe arrabbiato moltissimo perché ero uscita da sola.

Allo stesso tempo era cominciato a cambiare il suo comportamento verso di me: la sera usciva sempre più spesso da solo, con la scusa di cene di lavoro o partite di caccia. Tornava quasi sempre ubriaco e mi picchiava per la minima sciocchezza. A volte gli sentivo addosso un lieve profumo di *Shalimar*, un'essenza usata solo dalle donne. Una sera che ho osato farglielo notare mi ha preso per i capelli e mi ha trascinato per tutta la casa. Avevo il corpo pieno di lividi e l'anima triste. Il nostro rapporto peggiorava giorno dopo giorno.

La tragedia era dietro l'angolo.

SECONDA PARTE

Sequestrata

Come ho raccontato all'inizio, dopo essere uscita dall'ospedale ero tornata a Lahore con Bilal: e Tehmina, dopo avermi visto, aveva deciso di fare una riunione di famiglia a casa sua.

Quel pomeriggio le guardie del corpo di Mustafa Khar rimasero fuori dalla porta del soggiorno. Il «Leone del Punjab» si fa sempre accompagnare da tre o quattro uomini armati, col kalashnikov bene in vista sulla spalla: non tanto per ragioni di sicurezza quanto per sottolineare il suo rango, il suo potere e la sua ricchezza. Dopo un lungo ma tempestoso matrimonio e un combattuto divorzio, Mustafa ha manifestato sempre grande rispetto per Tehmina. Forse perché lei gli era stata vicina quando era in disgrazia, o forse perché Tehmina è diventata una scrittrice famosa e si è avverata la sua scommessa al momento della separazione. «Tu non sei nessuno» le aveva detto Mustafa. «Dovrai presentarti come la ex moglie di Mustafa Khar» e Tehmina gli aveva risposto: «E se un giorno tu fossi conosciuto solo come l'ex marito di Tehmina Durrani?».

Quale che fosse la ragione dei buoni rapporti tra Tehmina e il suo ex marito, resta il fatto che, dopo che io ero uscita dall'ospedale, lui aveva accettato prontamente la richiesta di una riunione famigliare. Nella *grand room* tutta a vetri della casa di Lahore eravamo dunque pochi: Mustafa, Tehmina, io,

Bilal, tre dei figli di Tehmina – Nisha, Alì e Hamza – e la sorella di Tehmina, Zermina.

All'inizio dell'incontro io non ero ancora scesa nel soggiorno: me ne stavo tremante nella mia camera e Nisha dovette quasi trascinarmi al piano di sotto. Una volta davanti a Mustafa gli toccai il piede – come fece qualche minuto dopo suo figlio Bilal – in segno di deferenza e mi misi da una parte, completamente coperta dal mio velo bianco. Continuavo a tremare alla presenza di quell'uomo imponente, vestito di uno *shelwar kamiz* scuro e con in testa il tradizionale copricapo sindhi, il *topi*: non avevo mai visto prima Mustafa e per il suo modo di stare e di camminare mi fece davvero pensare a un leone. «La pace sia con lei, Uncle» mormorai, senza osare di alzare il mio unico occhio verso di lui. «Siedi, siedi» rispose lui brevemente.

Come ho raccontato all'inizio, quando sono tornata a Lahore con Bilal dopo aver conosciuto quell'inferno dei vivi che è il Civil Hospital di Karachi, dove avevo sfiorato la morte e l'avevo desiderata purché avessero fine i dolori che mi facevano perdere la ragione, Tehmina una notte mi aveva mandato a prendere dall'autista: e Bilal, che in pratica mi teneva prigioniera, non aveva osato opporsi alla volontà della donna che gli aveva fatto da madre per molti anni. Quando mi vide, Tehmina scoppiò a piangere e abbiamo pianto lungamente insieme – lei, io e Nisha – fino a quando Tehmina disse con aria decisa: «Adesso basta». Non so se avesse già in mente qualcosa per me: forse era proprio l'Italia perché dopo due giorni sarebbe partita per venire a ricevere un premio a Roma.

In poche ore comunque organizzò la riunione di famiglia e quando ci vide tutti nella *grand room* non si perse in chiacchiere. Mi venne vicino, mi chiese di togliere il velo dal viso e, poiché io esitavo, me lo strappò lei stessa e disse a Mustafa: «Guarda cosa ha fatto tuo figlio a questa ragazza. Cosa hai intenzione di fare per aiutarla?».

Fu un momento di grande emozione: io piangevo cercando invano di nascondere la faccia di cui mi vergognavo, Bilal se ne stava zitto in un angolo, Zermina e i ragazzi erano impietriti, Tehmina, in attesa di una risposta, guardava con aria di sfida Mustafa. Dopo qualche minuto in cui sembrava che il tempo si fosse fermato, Mustafa mugugnò a bassa voce, come parlando a se stesso, che Bilal aveva fatto una brutta cosa. Poi tacque per qualche secondo e infine disse con voce chiara: «Ne parlerò con i miei fratelli».

Per tutti noi le parole di Mustafa avevano un significato evidente: temeva la collera dei suoi fratelli, ma soprattutto del fratello-consuocero, padre di Ruxane, la moglie dalla quale Bilal non aveva mai divorziato e che ancora viveva nella sua casa, con i due figli nati dal matrimonio.

La legge islamica permette a ogni uomo di avere quattro mogli: «Sposate, di fra le donne che vi piacciono, / una, due, tre o quattro. / Ma se temete di non essere giusti con loro, / sposatene una sola!» sta scritto nel Corano. L'essere «giusti» consiste anche nel trascorrere un numero uguale di notti con ognuna delle mogli, secondo una rotazione che si può infrangere soltanto se ci si trova in viaggio o in occasione di un nuovo matrimonio, quando la sposa ha diritto a trascorre con il marito sette notti consecutive nel caso in cui sia vergine e tre nel caso che non lo sia. Il Profeta stesso osservò questa rotazione, tirando poi a sorte il nome della moglie che doveva accompagnarlo in battaglia: la tradizione ricorda però le frequenti gelosie di Aisha, la moglie prediletta tra le cui braccia Maometto volle infine morire, e il dolore di Fatima, sua unica figlia, quando il marito Alì decise di prendere una co-moglie. In quel caso intervenne il Profeta in persona dicendo: «Non permetterò questo matrimonio, almeno fino a quando Alì non avrà divorziato da mia figlia!... Perché mia figlia è parte di me stesso: quello che fa male a lei fa male a me». Maometto stesso era vissuto in una lunga unione monogamica con la prima moglie, Khadija. La consuetudine di quel tempo, poi raccolta dalle norme musulmane, vedeva nel matrimonio un contratto che può variare a seconda degli accordi raggiunti: e che di conseguenza non ha il valore sacrale che gli attribuisce invece la religione cristiana.

Oggi la poligamia è caduta in disuso nelle classi medie e alte di quasi tutti i paesi islamici. Resiste ancora nelle campagne e tra i poveri.

Quella sera Bilal recuperò tutto il suo buon umore. Mi abbracciò dicendomi: «Vedrai, ora tutto si mette a posto, io vado con *Daddy* qualche giorno in campagna a Kot Addu, poi torno a prenderti». Solo con me usava quella parola inglese, così confidenziale, *daddy*: davanti a lui lo chiamava *sahib*, gli altri figli lo chiamavano *abu*, padre. Mi confortò però molto di più l'abbraccio di Tehmina, che quella sera pregò con me. Io pregai per devozione, senza chiedere nulla. In quei giorni non speravo più nulla, quindi non chiedevo nulla. Vivevo, ma non riuscivo a pensare al futuro. Molte volte avevo desiderato la morte quando soffrivo troppo. Dopo essere uscita dall'ospedale ho saputo che un anestesista aveva proposto a mamma di farmi morire per non lasciarmi soffrire e mamma si era messa in ginocchio davanti a lui e gli aveva detto: «Non dire queste parole. Io so che Fakhra può vivere e tornare a giocare con Naumanino». Dopo essere uscita dall'ospedale mi sono commossa quando mi hanno raccontato che, appena si era saputo che ero stata bruciata con l'acido, tutti i negozianti di Napier Road avevano chiuso bottega e molta gente che non conoscevo aveva fatto la fila davanti all'ospedale per avere notizie della mia salute. Ma in quei giorni a Lahore, in cui la mia vita continuava a essere segnata dal dolore fisico – giorni in cui non potevo alzare la testa, non potevo mangiare se non alimenti liquidi, avevo ancora una ferita aperta sulla spalla, non potevo usare la mano destra, dormire era un problema e l'occhio chiuso continuava a bruciarmi – non riuscivo a provare né desideri né speranze. Ero viva senza voglia di vivere.

Tehmina era dovuta partire per l'Italia e aveva dato ordine di non lasciar entrare Bilal e di dirgli che io ero partita. Così fu fatto, ma poi distrattamente io risposi al telefono e Bilal scoprì la bugia. Arrivò furioso. «Dove avete nascosto mia moglie?» La guardia del corpo di Tehmina tentò inutilmente di sbarrargli il passo e di dirgli che non ero in casa. Lui mi trovò, mi prese per i capelli, mi trascinò fino alla porta e mi portò in albergo. Invano Nisha lo seguì con la sua automobile e lo supplicò: «Ti prego, Bilal: Fakhra ha bisogno di chirurgia plastica, *Mummy* può aiutarla». Fu irremovibile. Telefonò al padre che mandò la sua automobile e mi portò a Khala Katai, in una delle residenze di campagna della famiglia Khar.

Il luogo è bello, tutto verde, non lontano dal confine con l'India, ma a me parve subito tristissimo. La casa è enorme, a due piani, il piano terra per i figli, il primo piano per Mustafa: c'è l'aria condizionata, un freezer per ogni tipo di cibo, nelle scuderie c'è un cavallo per ognuno dei figli di Mustafa e nel canile decine e decine di cani per la caccia, che è il passatempo preferito di Bilal. Ma non c'è neppure una casa all'orizzonte, solo poco distante le stanze per i contadini. È come un villaggio tutto dei Khar, dove io ero sola, sicuramente spiata dai servi, senza nessuna speranza di tornare a Lahore.

Bilal era rimasto con me, ma spesso si assentava per far visita ad altri signori feudali, o per amministrare la giustizia nelle sue terre, o per andare a Lahore. E la notte andava a caccia. Appena sorgeva la luna partiva in jeep, seguito dai suoi grossi cani addestrati a lottare con i cinghiali, campioni dei migliori allevamenti, che venivano nutriti di carne tutti i giorni.

I servi e i contadini invece ricevevano carne solo una volta alla settimana ed era la carne meno buona, mucca o cammello (i ricchi preferiscono il montone e le galline). E i loro bambini raccoglievano da terra le banane mangiucchiate e buttate via dai figli di Mustafa: la splendida frutta sugli alberi era solo per i figli del padrone. Quando in casa Khar avanzava della salsa *achar,* fatta con mango, verdure, peperoncino e *ghi,* l'olio di burro, si preferiva buttarla via piuttosto che distribuirla ai contadini. Il cibo di tutti i giorni per i poveri è *chapati* e lenticchie oppure pane, yogurt e peperoncino, o riso con un po' di verdura. In Pakistan la fame è la compagna di tutti i giorni per milioni di persone e tante muoiono di fame e di tubercolosi.

«Signori feudali» – feudal lords *in inglese – è l'espressione generalmente usata in Pakistan per designare i grandi proprietari terrieri che nei loro possedimenti amministrano la giustizia in base a leggi tribali e fondano la loro ricchezza sul lavoro forzato di contadini spesso legati a loro da debiti contratti in passato dai padri o dai nonni.*

I signori feudali sono oggi circa cinquemila e possiedono la metà delle terre coltivabili del paese. I contadini ricevono dai proprietari terrieri il trenta per cento del raccolto ma devono pagare ai loro padroni sementi e fertilizzanti, aumentati del duecento per cento negli ultimi dieci anni. Nonostante siano controllati dalle guardie armate del loro signore, non pochi riescono a scappare: settemila negli ultimi dieci anni, secondo la commissione pakistana di Human Rights. Una legge del 1992 ha abolito il lavoro forzato nei campi – pena fino a cinque anni di reclusione – ma nessun signore feudale è stato ancora condannato.

Molti feudal lords*, potendo contare su un bacino elettorale garantito dalla fedeltà tribale, sono stati eletti al parlamento nazionale o a quelli regionali. Lo sono stati sia Mustafa sia Bilal Khar. Signore feudale è anche Mir Zafarullah Khan Jamali, primo ministro dal 2002 al 2004, che nel 1977 prese parte personalmente alla repressione di una rivolta di contadini in cui furono uccise dieci persone. La ribellione era stata provocata dalla revoca della concessione di terre promessa dal precedente governo.*

Quando ero a Khala Katai sottraevo dal freezer pesce e carne per darli ai contadini e rubavo un po' di soldi dalla borsa di Bilal per regalarli ai loro bambini. Sì, rubavo: perché io non possedevo più nemmeno una rupia, non potevo usare il telefono di casa perché sicuramente qualche servo mi avrebbe denunciato, non potevo andare in nessun posto senza Bilal, non potevo neppure parlare con i servi. Le mogli e i bambini dei contadini sono stati la mia unica compagnia nei mesi in cui sono stata sequestrata in una casa di campagna a un'ora e mezzo di auto da Lahore. I bambini, dopo qualche tempo, non avevano più paura di me e restavamo spesso ad ascoltare insieme le mie cassette di musica. C'erano giorni in cui le ore non passavano mai. A volte mi mettevo a giocare da sola con le perle di cristallo dei miei braccialetti. Li aprivo e le toglievo a una a una: «m'ama, non m'ama...». Avevo il cuore diviso riguardo a Bilal: c'era tanta rabbia per quello che mi aveva fatto ma anche tanta nostalgia per il nostro amore, l'assurda speranza che in qualche modo potessimo ritrovarlo.

Il comportamento di Bilal nei miei confronti non era però quello dei giorni felici: parlava poco con me, non era mai di buon umore, ma voleva sempre fare sesso: cosa che mi dava fastidio. Al corpo e al cervello. Al corpo perché, legata com'ero nei movimenti, con il mento attaccato al torace, provavo dolore in ogni parte del corpo. E al cervello perché non capivo come mio marito potesse ancora desiderare una donna che faceva paura a tutti. Mi sentivo usata e provavo una rabbia profonda, a volte gridavo contro di lui che non voleva farmi curare, neppure portarmi dal medico degli occhi per togliermi il dolore che mi arrivava al cervello. La depressione in me si alternava all'aggressività, la speranza che mio marito provasse ancora un sentimento per me si alternava alla rabbia per quello che mi aveva fatto, per avermi reso prigioniera della mia faccia. Ne avevo una tale vergogna che non osavo guardare Bilal quando gli parlavo, preferivo tenere gli occhi bassi. E in sua presenza non mangiavo manghi, gli splendidi frutti dissetanti che rosseggiano sugli alberi di Khala Katai, perché non volevo che mi vedesse perdere dalla bocca la polpa che tanto desideravo inghiottire.

Invano scongiuravo mio marito di portarmi al villaggio vicino per telefonare a Karachi, alla mia famiglia: rimandava sempre. Per cinque mesi non ho potuto avere notizie di mio figlio, di mia sorella, di mia madre. Qualche volta Bilal era paziente con me, ma un giorno che avevo alzato la voce contro di lui, mentre in casa c'era Mustafa, Bilal mi disse: «Se mio padre ti sente ti giuro che ti uccido. E nessuno lo saprà mai».

Spesso mio marito era fuori casa per amministrare la giustizia nel *panchet*, che è il tribunale dei signori feudali. Decide chi deve essere punito e chi assolto quando c'è qualche disputa tra la gente del posto. A volte invece Bilal andava a Lahore e stava via due o tre giorni: sospettavo che andasse a trovare l'altra moglie, Ruxane.

Fu in uno di questi giorni pieni solo di noia che venne a trovarmi Dai Ayesha, la domestica di fiducia di Mustafa Khar, che aveva allevato molti dei suoi numerosi figli. Ayesha era stata una giovane donna bellissima che quando aveva venticinque anni ed era già sposata si era innamorata di un giovane, anche lui sposato. I due amanti erano scappati dalle rispettive case e, per un breve momento, avevano sperato di rifarsi una vita altrove. Ma erano stati scoperti, catturati e portati davanti al tribunale di Mustafa, il quale aveva ordinato che Ayesha fosse riconsegnata al legittimo consorte e che il suo amante fosse rinchiuso in un manicomio. Il giovane ben presto impazzì sul serio e morì, Ayesha invece scongiurò di non essere riportata dal marito e di poter invece lavorare per Mustafa. Lui accettò e Ayesha entrò in casa Khar come *dai* (bambinaia) di Bilal. Da allora, in cambio di una piccola quantità di grano che veniva concessa alla sua famiglia una volta l'anno, Ayesha rimase per sempre una schiava domestica di Mustafa, ma una serva padrona, che gestiva la casa, aveva accesso alla cassaforte e decideva molte cose.

Dai Ayesha venne da me come ambasciatrice. Mi disse che Mustafa e i suoi fratelli mi avrebbero dato dei soldi. Non Mustafa solo, quindi non con l'intenzione di assumersi la responsabilità di quello che suo figlio aveva fatto. Non con la volontà di prendersi il peso di pagare per Bilal, lui che non aveva mai concesso autonomia finanziaria ai suoi figli, lui, il padre che aveva tagliato i viveri a Bilal per punirlo di avermi sposato. No, era la famiglia Khar che voleva eliminare il fastidio di una ragazza che era la testimonianza vivente della violenza in cui vengono allevati tutti i loro figli maschi. Erano i fratelli Khar che volevano dare un'elemosina a una danzatrice che continuavano a disprezzare. E glielo mandavano a dire da una serva.

Rifiutai i loro soldi.

Fu però da un altro servo che venne la mia salvezza. Si chiamava Aslàm, era un omosessuale, un uomo strano e sensibile che in passato era stato a servizio di Madam Noor Jehan, «la Regina della melodia», cognata di mia nonna. Aveva appreso la mia storia dai giornali, lui stesso sapeva leggere e scrivere, ma soprattutto sapeva ascoltare: ed era l'unico che, grazie alle sue inclinazioni, aveva da Bilal il permesso di entrare nella mia stanza e parlare con me. «Ho sentito che i padroni dicevano che Tehmina vuole aiutare lei, Bibi Fakhra» mi sussurrò un giorno, guardandosi intorno per il timore di qualche spiata.

Il cuore cominciò a battermi all'impazzata. Gli diedi subito il numero di telefono di Tehmina. «Dille che mi faccia uscire da questa prigione o divento pazza.»

Ebbe così inizio, tramite Aslàm, un dialogo a distanza con Tehmina. Lui le portava i messaggi che io gli dettavo, ma se quel giorno non poteva andare a Lahore bruciava o mangiava il foglio. Una volta che si trovava a casa di Tehmina arrivò Mustafa. Lei nascose rapidamente Aslàm che, tremante, ascoltò questo assurdo dialogo: «Dov'è Fakhra?» chiedeva Tehmina. «Tu non devi preoccuparti, sta bene» rispondeva Mustafa.

Più di una volta mi arrivarono da Tehmina messaggi rassicuranti: «Se non ti lasciano venire via manderò un commando a liberarti. Intanto sto lavorando per te». Lavorare per me significava cercare di procurarmi carta d'identità, passaporto e visto per poter andare all'estero ed essere curata. L'idea che venissero uomini armati a portarmi via mi elettrizzava ma allo stesso tempo mi spaventava: Bilal ama le armi e ne aveva molte a Khala Katai. Spesso le metteva tutte in fila sul letto per pulirle.

Sapevo però che Tehmina è una donna prudente e abile, che avrebbe prima tentato tutte le vie del dialogo. Parlò infatti con Mustafa della necessità di farmi curare, Mustafa ne parlò con Bilal, ma Bilal arrivò da me in lacrime: «Se vai via non torni più, lo so. Io ti amo così come sei». Uno strano amore il suo, che non gli impediva di andare spesso a far visita all'altra moglie, Ruxane, come puntualmente mi informava Aslàm.

Un giorno Bilal disse distrattamente: «Domani vengono a trovarci Zermina, Nisha e una loro amica italiana». Il cuore mi fece un salto nel petto, ma non dissi niente. Il giorno dopo, con il passar delle ore la mia ansia cresceva. Finché Bilal disse: «Non vengono più, hanno rimandato alla settimana prossima». Mi cadde il mondo addosso, ripiombai nella depressione, non speravo più che qualcosa potesse cambiare nella mia vita: moglie di Bilal, per sempre. Segregata in campagna, una «cosa» da nascondere: per sempre. Con il mento attaccato al petto: per sempre.

Trascorse qualche giorno. Era un pomeriggio d'estate, un caldo da morire. Sento voci concitate, poi il rumore di un'automobile e un bambino che grida: «Arriva Sahab» (che è un altro modo per dire *sahib*). E dopo una pausa: «Ci sono anche delle signore». Come ogni volta che arrivava il padrone la servitù era schierata in piedi all'ingresso, a testa bassa.

L'emozione è stata tale che mi sono chiusa in bagno. Poi ho respirato profondamente, mi sono fatta forza e, con le gambe che mi tremavano, sono andata incontro alle ospiti. Nisha nell'abbracciarmi mi ha sussurrato all'orecchio: «Tu domani vieni via con noi».

Quando siamo state sole, Zermina mi ha confidato ridendo che era riuscita a venire perché aveva lusingato la vanità di Mustafa: «Mi dicono che Khala Katai è un luogo stupendo, non l'ho mai visto, mi piacerebbe mostrarlo anche alla nostra ospite italiana». E abbracciandomi ha aggiunto: «Se non era per te non sarei mai venuta a visitare quest'allevamento di zanzare! Fakhra, io sono venuta qui solo per portarti via».

Come ho già detto, Mustafa desidera che alle otto e mezzo di sera ci si riunisca tutti per mangiare insieme: un'abitudine occidentale che non è diffusa in Pakistan, dove ciascuno si ciba quando ha fame, in genere in camera da letto. In estate a Khala Katai si mangia distesi sui *charpai*, letti di vimini che da noi vengono usati anche per dormire all'aperto quando fa caldo. I servi passano con una brocca per lavare le mani e servono le diverse portate. Quella sera fu una cena molto ricca, soprattutto di pesce: squisiti pesci di lago e di fiume. Mustafa e le ospiti venute da Lahore parlavano del più e del meno, Bilal, probabilmente nervoso, si alzò diverse volte per andare a fumare (nella famiglia Khar non si fuma mai davanti ai genitori). Io tenevo il velo sollevato fino agli occhi per mangiare: potevo inghiottire solo cibi semiliquidi ed ero terribilmente imbarazzata perché, nonostante la mia attenzione, spesso mi colava tutto fuori dalla bocca. Parlai molto poco, quella sera, paralizzata dall'emozione. A un certo punto Zermina, con il tono lieve che si usa per le chiacchiere in società, mi chiese: «Fakhra, come va l'occhio? Lo vedo un po' rosso». E io, con un filo di voce: «Mi fa un po' male». Zermina: «Bisogna assolutamente farlo vedere da uno specialista a Lahore. Domani tu vieni in macchina con noi, poi verrà Bilal a riprenderti». Deglutii a fatica e non risposi. Tutti zitti. Nessuno disse «va bene» oppure «non è possibile». Chiesi il permesso di andare in terrazza e rimasi per un po' a guardare la luna, per calmarmi.

Quando con Bilal ci ritirammo nella nostra camera lui, con la voce tremante e le lacrime nella voce, mi chiese di dichiarare che non volevo andare a Lahore l'indomani: «Ti porto io da un medico». «Sono mesi che ti supplico di farmi curare, almeno l'occhio, e tu mi chiedi sempre di avere pazienza!» Ero irritata e spaventata all'idea che mi si chiudesse quello spiraglio di speranza rappresentato da Tehmina. «Mi manchi, non so stare senza di te» diceva lui. Ridicolo. «Per una visita medica!» E decisi di trascorrere la notte nella stanza di Zermina. Per prima cosa lei mi fece firmare le carte necessarie per ottenere passaporto e visto, nel timore che all'ultimo momento mi proibissero di lasciare Khala Katai. Dormimmo molto poco quella notte. Zermina, sorella minore di Tehmina, è una donna molto bella e molto dolce e sacrificò il suo sonno per farmi coraggio e darmi tranquillità. Sapevamo tutt'e due che quella partenza era per sempre. Era una fuga. Per cercare la salvezza. Per sperare di rialzare la testa e prendere in mano la mia vita.

All'alba Zermina, Nisha e io recitammo insieme Namàs, la prima preghiera del mattino, per chiedere a Dio aiuto per percorrere la strada che avevamo deciso di intraprendere.

Fu deciso che saremmo partite verso mezzogiorno in automobile con Mustafa. «Andiamo via con papà» mi annunciò Nisha con voce allegra, come se si fosse trattato di una normale passeggiata. «Più tardi verrà Bilal a riprenderti.» Ma sembrava che Bilal avvertisse che c'era qualcosa di strano in quel breve viaggio. Piangeva, mi baciò i piedi. «Tu torni, vero? Torni?» Gli tremava la voce. «Arrivo stasera alle sette, prendiamo un gelato e ce ne torniamo qui.»

Ero combattuta, sapevo che non avrei più rivisto mio marito, ero consapevole di mentire. Ma mentii. «Sì, sì, ci vediamo stasera.» E tagliai corto i saluti.

Prendemmo posto tutte nella Pajero di Mustafa, una bella macchina. Tutti conoscono il suo amore per le automobili, i cavalli e i cani, quindi non c'era da meravigliarsi. Lui aveva allora già passato i sessantacinque anni ma conservava un fascino notevole e trasmetteva una sensazione di forza. Probabilmente è ancora così, ora che a settant'anni ha avuto un figlio dalla sua decima moglie, che ne ha appena ventitré.

Mustafa non è mai stato cattivo con me. Anzi, ogni tanto mi faceva qualche complimento. «Di tutte le mogli di Bilal, Fakhra è l'unica che sa tenere una casa» diceva. Gli piacevano molto le mie polpette e quando gliele facevo mi ringraziava con un ruvido «brava, brava». Mi ha sempre rispettata ma non mi ha mai dato confidenza.

Ci lasciò davanti alla casa di Tehmina. Lei mi abbracciò con affetto, io con grandissima emozione. «Hai visto che ce l'abbiamo fatta?» mi disse. «Ora, Fakhra, hai davanti a te due strade: se vuoi restare con Bilal, le condizioni della famiglia Khar le conosci. Non cambieranno mai. Se scegli la mia strada devi sapere che è piena di difficoltà e con pochissime certezze.» Il cuore mi batteva forte quando risposi: «Io scelgo la mia vita, anche se è difficile». «Allora, Nisha, mostra il mio armadio a Fakhra perché possa scegliere tra i miei vestiti. E tu, Fakhra, vai a fare una doccia e poi prega.»

Facendo la doccia ho avuto la sensazione di lavare via tutto il mio passato. Poi mi sono messa un vestito di Tehmina. E non mi sono mai pentita della mia scelta.

L'assedio

Quando, verso le sette di sera, arrivò Bilal, gli fu detto che io ero partita per Islamabad. Com'era prevedibile, diede in escandescenze. Gli parlò un amico di Tehmina, Inamullah Nyasi, un uomo politico influente che era stato in parlamento nello stesso periodo in cui c'era anche Bilal: «Lasciala, è andata a curarsi, tornerà». E Bilal: «La voglio subito, a qualunque costo, così com'è!». Inam fu paziente con Bilal, ma molto deciso: «Se fai così non la riavrai mai. Ora ho preso il caso di Fakhra nelle mie mani e non la lascerò sola».

Io non ero in casa quando ci fu quel colloquio. Tehmina mi aveva mandato a casa di una sua amica, Mariàm, una psicologa che mi fu di grande aiuto in quei giorni e che mi ospitò per due settimane.

Nei giorni seguenti Bilal arrivò a minacciare Tehmina – che pure chiamava *Mummy*, mamma in inglese – di buttare l'acido anche a lei. E ad Alì disse un giorno: «E per cominciare le sparo alle ginocchia con una calibro 12. *Mummy* ha alzato troppo la testa, così la costringerò a strisciare».

Tehmina non perdeva mai la calma quando Bilal telefonava reclamando «sua moglie». Parlandogli in inglese, com'è loro abitudine, gli diceva che io non ero più sua moglie da quando mi aveva sfigurato con l'acido. «Vedi, Bilal, io ho preso la mano di Fakhra e lei adesso per me è come Nisha, come Biba, come Alì, come Hamza. È come se fosse una mia figlia. E se tu vieni per buttare l'acido a me dovresti bruciare anche i tuoi fratelli perché anche loro sono decisi a difendere Fakhra, a costo della loro vita.»

Mustafa si limitò a dire cinicamente a Tehmina: «Tu hai cresciuto Bilal e ora fai tante storie per questa ragazza. Vedrai che alla fine si rimettono insieme». Lei si limitò a rispondere: «E se fosse successo a Nisha? Tu non avresti mai permesso che tornasse a vivere con l'uomo che l'aveva sfigurata e l'avresti mandata all'estero a curarsi».

Tehmina, che conosceva fin troppo bene il carattere del figliastro, sapeva che da lui c'era da aspettarsi tutto e che era necessario essere prudenti. Perciò quando Bilal un giorno disse: «So benissimo dove vive Nauman a Karachi» decise immediatamente di far venire mio figlio a Lahore.

Non ero a conoscenza della velata minaccia di Bilal e quindi non mi aspettavo di rivedere così presto il mio bambino. Arrivò una mattina mentre ancora dormivo. Me lo trovai di fronte all'improvviso: tutto vestito di bianco, all'occidentale, con un buffo berretto rosso da baseball sui capelli neri lucenti.

Nei sei mesi in cui eravamo stati lontani era cresciuto, non solo di statura. A Karachi era stato lui a decidere di voler vivere con me. Quando sono uscita dall'ospedale Nauman era stato mandato a casa di Auntie Chia per tenerlo lontano da me: c'era il rischio che s'infettasse perché io avevo ancora molte piaghe aperte e alcune erano piene di pus. Ma una mattina, mentre ero ancora nel dormiveglia, ho sentito una carezza leggera sulla mia mano. Qualche secondo e ho realizzato che erano le sue piccole dita di bambino a carezzarmi. Sentirlo, vederlo – per il poco che mi riusciva col mio unico occhio – è stata una grande gioia, ma anche una tortura: perché avrei voluto abbracciarlo e baciarlo e non potevo farlo. Quella mattina lui disse con grande calma: «Stasera dormo con mamma». Gli fu spiegato che non era possibile, che la mamma era piena di microbi: ma lui non volle saperne di lasciarmi.

A Lahore Nauman prese un atteggiamento molto protettivo nei miei confronti. Passava delicatamente le sue manine sulle mie spaventose cicatrici e mi diceva: «Non devi preoccuparti, vedrai che tutto andrà a posto». Ritrovavo quel suo carattere «paterno» verso di me che aveva già manifestato nel durissimo periodo che avevamo passato a casa di Puli e Kiran: aveva allora appena cinque anni ed era lui a ricordarsi di darmi le medicine. E se io, avvilita com'ero allora, cercavo di evitarle, lui mi diceva allungandomi la pillola: «Su, mamma: una a te, una a me».

Nel periodo che abbiamo trascorso in casa di Tehmina io ho fatto per la prima volta la mamma a tempo pieno: c'era, è vero, una baby-sitter, ma finalmente sono stata con Nauman giorno e notte, gli ho insegnato le buone maniere e abbiamo imparato insieme a capire un po' d'inglese, la lingua che si parlava in quella casa. È stato allora che ci siamo conosciuti davvero.

Tehmina aveva ben chiara in mente l'unica strada che era possibile percorrere: farmi curare all'estero. Sia perché le tecniche mediche sono più avanzate in Europa e in America, sia perché il poco che mi potevano fare in Pakistan era possibile solo a pagamento e sarebbe costato una fortuna che Tehmina, dopo il divorzio da Mustafa, davvero non possedeva.

Si mise dunque subito in movimento per ottenere passaporto e visto per me. Prese contatto con avvocati, associazioni femminili e per i diritti umani, uomini politici. Ma dopo una settimana arrivò la risposta negativa: il motivo ufficiale era che non potevo avere il passaporto perché sui documenti presentati non figurava il nome di mio padre. In privato fu detto a Tehmina che il mio caso poteva ledere l'immagine del Pakistan all'estero. E fonti governative lasciarono filtrare ai giornali l'accusa di protagonismo per Tehmina.

Lei però non si dava per vinta: passava le giornate tra email, telefono e fax. E decise di fare una conferenza stampa. Come sempre quando c'erano estranei, io mi coprii la faccia con il velo. E ancora una volta lei volle che me lo togliessi.

«È Bilal che si deve vergognare, non tu, se oggi sei così.» C'erano almeno una ventina di giornalisti e la televisione. Si alzò un giornalista e chiese a Tehmina: «Prima c'è stato un gran chiasso per il suo divorzio, poi il libro *My feudal lord*: e ora questa storia della moglie di Bilal. Lei ha forse qualcosa contro la famiglia Khar?». Ma prima che lei potesse rispondere prese la parola Alì, che aveva allora vent'anni: un fatto del tutto anomalo in Pakistan dove un giovane non parla mai prima dei genitori o dei fratelli maggiori. «Io sono un Khar, posso rispondere io per quanto riguarda la mia famiglia.» E la domanda impertinente del giornalista rimase senza risposta.

Quella fu la prima di molte conferenze stampa e di non so quante interviste. La stampa si interessò appassionatamente al mio caso e certamente contribuì molto a far vincere a Tehmina la battaglia per il mio passaporto. Le autorità ufficiali, oltre ad accusare lei di mania di protagonismo, accusavano me di volermi fare pubblicità a spese del buon nome del paese e dicevano che dovevo offrire il mio *khurbani,* il sacrificio per la patria, e rinunciare al progetto di farmi curare all'estero. Rispose per me Tehmina: «Fakhra ha già dato abbastanza al Pakistan, non dimentichiamoci di quanto ha sofferto da bambina». La strategia di Tehmina consisteva nell'agire su due fronti: da una parte dare battaglia pubblicamente attraverso giornali e televisione, dall'altra arrivare alle stanze del potere attraverso le sue conoscenze. Ai giornalisti diceva: «Fakhra è il simbolo dell'ingiustizia di questo paese, in cui le donne non hanno il diritto di far sentire la loro voce». E quando non otteneva soddisfazione da qualche pezzo grosso del governo cercava semplicemente di arrivare più in alto.

C'è libertà di stampa in Pakistan? Sì, secondo la lettera della legge, la Freedom of Information Ordinance, promulgata nel 2003. No, secondo la commissione pakistana di Human Rights, che nel 2004 ha denunciato il fermo illegale o l'intimidazione di diversi giornali-

sti. La libertà di espressione è però ormai nello spirito dei tempi e la si può osservare nelle critiche all'inefficienza e alla corruzione, nella denuncia dello strapotere dei signori feudali e della persistenza di costumi patriarcali, nelle istanze a favore delle libertà civili. Come è accaduto tante altre volte in tanti altri paesi, le critiche al «sistema» possono passare: ma guai a toccare chi è al potere.

Nonostante però i tanti articoli che venivano pubblicati, i giorni passavano, il passaporto non arrivava e io cominciai a ricadere nella depressione. Mi aiutavano gli antidepressivi ma è stato soprattutto l'amore di cui ero circondata a darmi la volontà di resistere. Nella casa di Tehmina ero trattata come una vera figlia e dormivo con sua sorella Zermina (che anch'io chiamavo affettuosamente zia Patatina, Guppo Khala). Biba, la figlia maggiore di Tehmina, mi telefonava da New York, dove allora abitava, per avere mie notizie e Tehmina stessa aveva voluto regalarmi un sari che si tramandavano le donne della sua famiglia per indossarlo nelle occasioni speciali: nero, con straordinari ricami e piccole frange fatte con semi di dattero. E in quella casa piena di specchi, che io evitavo con cura, mi accorsi che anche Tehmina, Zermina e Nisha non si guardavano più e avevano perso l'abitudine di truccarsi.

Si addensavano però nuvole nere sui nostri giorni a Lahore.

Una sera Tehmina aveva notato una jeep piena di uomini armati che continuava a girare intorno alla sua casa. L'indomani assunse altri nove uomini per garantire la nostra sicurezza: alcuni stazionavano sul tetto, altri in giardino. Nisha lasciò il lavoro, Alì e Hamza smisero di frequentare le lezioni, io rinunciai del tutto a uscire per timore di essere rapita. Nisha dice oggi di non aver avuto mai paura per sé, in quei giorni, perché troppo sicura dell'affetto che Bilal aveva per lei: ma aveva paura per sua madre e per i suoi fratelli. Se fosse accaduto qualcosa di male a Tehmina, Alì e Hamza avrebbero probabilmente tentato di uccidere il fratello maggiore.

A noi tutti le giornate sembravano insopportabilmente lunghe: ma quella vita in stato d'assedio aveva stimolato una straordinaria coesione famigliare e la solidarietà degli amici. Spesso le amiche di Tehmina venivano a farci visita e restavamo a chiacchierare tutta la notte. Mi hanno molto aiutato a scacciare i pensieri tristi. Fu in quel periodo che la simpatia che c'era stata fin dal primo incontro tra Nisha e me si trasformò in affetto profondo. Eravamo due ragazze della stessa età, ci piacevano le stesse canzoni e quella vita da recluse ci pesava allo stesso modo. «E se andassimo a fare un giro in macchina?» mi sussurrò un giorno all'orecchio, tentatrice. Tehmina lavorava chiusa nella sua stanza, i domestici dormivano o erano occupati nelle faccende. Nisha si è messa al volante, io mi sono accucciata sul fondo dell'auto perché nessuno mi vedesse... e siamo scappate da casa per andare a fare un giro in automobile. Non successe niente, per fortuna: per noi fu solo una piccola, allegra boccata di libertà.

Tehmina non si stancava di tessere la sua tela tra contatti politici, battaglia civile e relazioni internazionali. Dall'Italia era arrivata la notizia che un'industria cosmetica offriva il suo aiuto e che avrebbe richiesto per me il visto d'ingresso non appena avessi ottenuto il permesso di lasciare il Pakistan.

I giornali continuavano a parlare di noi. Gli articoli raccontavano la nostra vita ma alla fine si concludevano tutti allo stesso modo: riuscirà Fakhra a sfuggire all'assedio e ad andare in Italia per ricostruire la sua faccia? E questo dava molto fastidio a Mustafa, specie in quel periodo perché aveva intenzione di tornare alla politica attiva. I rapporti tra lui e noi, tuttavia, erano buoni, grazie in gran parte all'abilità diplomatica di Tehmina. E attraverso il padre avevamo anche notizie di Bilal. Abbiamo così saputo che ai momenti di aggressività alternava la depressione e passava giornate intere a pregare e a piangere nella lontana moschea di Lal Qalander Shah Baz, un luogo dove io andavo spesso quando abitavo a Karachi.

Bilal, come ho già detto, è il figlio prediletto di Mustafa, quello che da lui ha avuto di più: ma è anche quello che gli ha creato più problemi. Bilal non è soltanto bello, elegante, istruito: spesso è anche generoso e gentile. Poi tutto questo viene cancellato da momenti di spaventosa violenza. E alla fine si pente e piangendo implora perdono. Che quasi sempre ottiene.

Lal Qalander è stato uno dei quattro grandi santi sufi che nel XIII secolo convertirono alla loro dottrina e all'islam gli abitanti dell'attuale Pakistan. Come altre personalità del movimento sufi, Lal Qalander era un grande intellettuale, letterato, poeta, buon parlatore e guidò con determinazione il movimento di lotta al rapace ragià del Sind.

Il sufismo è stato un movimento ascetico che ha interessato tutto il mondo islamico e ha avuto il suo apogeo tra l'XI e il XIV secolo. Predicava un Dio d'amore piuttosto che un Dio vendicatore, sottolineava l'importanza della fede più che l'osservanza delle rigide regole imposte dagli ulema, esaltava la fratellanza e disprezzava l'orgoglio di classe, promuovendo così una rivoluzione culturale e sociale. Particolare importanza ebbe nel Pakistan, tanto che storici moderni affermano che senza il movimento sufi non sarebbe mai nato il Pakistan.

Oggi è la musica sufi ad attrarre un sempre maggior numero di adepti, in Pakistan come in Iran, in Turchia come in Bangladesh. È una forma di musica religiosa che cantando la sottomissione a Dio trasporta gli ascoltatori nell'estasi spirituale, ha le sue star e non disdegna nessuna delle forme di comunicazione e di esaltazione della musica moderna.

Forse perché aveva capito che la pubblicità che i giornali davano al mio caso poteva aiutarci, Tehmina decise di tenere una conferenza stampa a Islamabad, la capitale del Pakistan. Partimmo in automobile, Tehmina, Inamullah Uncle (da quando aveva deciso di prendere in mano la mia vita lo chiamavo zio), Nauman, io, l'autista e la scorta armata: diretti all'ospedale militare, un luogo dove non avevo da temere sorprese da Bilal.

Anche dopo quella conferenza stampa, che si tenne in un grande albergo, ci furono grandi titoli sui giornali e un ampio servizio in televisione. Tutte le voci dei giornalisti erano concordi: il governo doveva concedermi il visto perché potessi essere curata all'estero. Nonostante questo, il visto non arrivò. Il governo si limitò a offrire un modesto segno di buona volontà che Tehmina ritenne opportuno accettare: un soggiorno all'ospedale militare per verificare il mio stato di salute fisico e psichico.

Quella volta partì tutta la famiglia, vennero anche Zermina, Nisha, Alì e Hamza: tutti alloggiati in un ospedale che somigliava a un grande albergo. Ci abitava in quel periodo anche il marito di Benazir Bhutto, che aveva avuto una condanna penale: disponeva di una suite di dieci stanze.

Asif Alì Zardari, marito di Benazir e ministro degli Investimenti quando lei era capo del governo, è stato agli arresti in ospedale per otto anni. Era stato condannato per corruzione e accusato (ma non sono state trovate prove certe a suo carico) di aver ordito l'assassinio del fratello e rivale di Benazir, Murtaza, ucciso dalla polizia durante disordini a Karachi.

Il National Accountability Bureau, che svolge in Pakistan funzioni analoghe a quelle della nostra Corte dei conti, ha accusato Zardari, tra l'altro, di aver comprato con fondi pubblici due campi da polo e quarantasette scuderie, mentre è stato calcolato in dodici miliardi di euro il danno da lui apportato in vari modi alle casse dello Stato. Zardari, che dal suo soggiorno ospedaliero incitava il popolo a ribellarsi contro l'attuale governo, è stato liberato alla fine del 2004 e rimandato agli arresti domiciliari due giorni dopo. Si è trattato probabilmente di un complesso gioco di alleanze e di sospetti nei confronti di un uomo e di un partito, quello Popolare, che hanno ancora numerosi seguaci.

Il lusso straordinario di quell'ospedale mi riportò alla memoria, per contrasto, il Civil Hospital di Karachi. Dal giorno alla notte: un palazzo a Islamabad, un immenso tugurio a Karachi. Qui una fontana nell'ingresso, là i venditori di acqua che la portavano in otri di pelle di pecora. Qui tutto pulito e disinfettato, là i pavimenti ingombri di garze sporche di sangue e di pus. A Islamabad cambiavano le lenzuola tutti i giorni, a Karachi la biancheria bisognava portarsela da casa. A Islamabad c'erano fiori e silenzio, a Karachi l'ospedale era pieno delle grida dei pazienti che venivano operati senza anestesia, con la testa imprigionata tra due tavole di legno perché non si potessero muovere. E che morivano come pidocchi, lasciando libero il letto che subito veniva occupato da un altro disgraziato. Se io sono sopravvissuta è stato perché la mia famiglia, anche con l'aiuto di persone che mi hanno voluto bene, come Hemat e Nadim, ha potuto pagarmi le medicine. E perché tanti conoscenti, persino la Hammà, l'anziana donna di servizio, sono venuti a offrire il loro sangue perché io mi salvassi. E infine perché una telefonata di Tehmina aveva fatto sì che parecchi medici venissero ogni giorno a vedere come stavo.

All'Aga Khan Hospital il trattamento era molto migliore ma si pagava tutto. Ci sono stata due mesi e mi hanno fatto i primi trapianti di pelle, dalle gambe alla faccia. Là sia il personale medico sia i visitatori devono portare sempre cuffia, zoccoli e guanti sterili. Ma le spese erano tali che dopo pochi giorni ho detto a mamma: «Vendi la casa». E da quel giorno lei ha dormito un po' qua, un po' là, da parenti e amici. Adesso abita con Kiran.

Dopo il viaggio a Islamabad trascorsi altri due mesi nella casa di Lahore: circondata dallo straordinario affetto e da molte comodità – un medico che mi controllava periodicamente, una donna che veniva a farmi i massaggi, una babysitter per Nauman – ma sempre con l'ansia del passaporto che non arrivava, di una porta che non si apriva, di una speranza sempre rimandata.

Finché un giorno Tehmina entrò nella stanza dove mi trovavo con Zermina: «C'è una cosa per te» disse sorridendo, con una mano dietro la schiena a nascondere qualcosa. «Una lettera, una foto?» tiravo a indovinare. «Di più, di più, meglio, meglio» scherzava Tehmina. E finalmente tolse la mano da dietro la schiena e mi fece vedere. Era la mia carta d'identità, il primo passo verso la libertà. Il passo successivo fu la concessione del passaporto. Arrivò poi il visto d'ingresso in Italia, ma mancava sempre il visto di uscita dal Pakistan.

Trascorse qualche altro giorno di ansia.

E finalmente, una mattina del luglio 2001, arrivò anche quello. Io avevo la sensazione che mi scoppiasse il cuore, Nisha piangeva come una fontana, tutte le persone di casa entrarono in grande agitazione perché Tehmina sarebbe voluta partire la sera stessa. Eravamo tutti contenti e tristi allo stesso tempo: perché io sarei potuta andare a curarmi, ma finiva quello straordinario periodo di fratellanza che era stato provocato dall'assedio di Bilal.

La notizia della concessione del visto si diffuse immediatamente tra i giornalisti e i quotidiani del pomeriggio scrissero che avrei preso l'aereo quella sera stessa da Lahore. Ma il piano di Tehmina era un altro. Siamo partiti in macchina per Islamabad, a velocità massima sempre per paura di un agguato di Bilal: eravamo un piccolo convoglio di tre automobili, in cui eravamo Tehmina, la sua amica Mariàm, Nauman, io e la scorta armata che ci precedeva e ci seguiva.

Nella valigia avevo messo il tappetino per la preghiera, un Corano in urdu, un bracciale antico che mi è stato regalato da Guppo Khala, qualche vestito mio, i vestiti di Nauman, compreso un pantaloncino di quando lui era molto piccolo, qualche giocattolo. Nient'altro: una sola valigia per ventidue anni di vita mia e sei di Nauman.

Le tre automobili si fermarono davanti alla saletta VIP dell'aeroporto di Islamabad. Nonostante il viaggio tranquillo eravamo ancora in tensione per il timore di un blitz improvviso di uomini armati: non ci saremmo meravigliati se Bilal avesse tentato con la forza di non lasciarmi andare via dal Pakistan. Invece tutto andò per il meglio, abbiamo viaggiato in *business class* fino a Dubai e alle tre di notte siamo ripartiti per Roma. A bordo ho sentito per la prima volta parlare italiano: erano suoni strani, molto diversi da quelli inglesi, mi sembrava di ascoltare rumori della giungla, qualcuno ripeteva continuamente «tchaaao, tchaaao», mi sembravano versi di pappagallo. Dell'Italia sapevo solo che era la patria delle belle scarpe, Roma l'avevo vista nel film *Vacanze romane* e in un altro film in costume: mi era rimasto il ricordo di una città con grosse mura di mattoni rossi.

All'aeroporto di Fiumicino c'erano parecchie persone ad aspettarci: Haim, un amico israeliano di Tehmina, una signora con un vestito di un rosso molto acceso (mi colpì perché in Pakistan nessuno si vestirebbe di rosso in estate), amica del direttore dell'industria di cosmetici che aveva sponsorizzato il nostro viaggio, e Clarice Felli, che avrebbe avuto poi tanta importanza nella mia vita romana. Andammo tutti a mangiare a casa di Haim, che preparò una pasta. Per me non era una novità, me l'aveva fatta diverse volte Bilal, che l'aveva imparata a Londra da conoscenti italiani; fu invece un problema per Nauman, che per molto tempo ha rifiutato di mangiarla. Sia lui sia io eravamo stanchi, frastornati e un po' preoccupati. Quello in cui eravamo piombati era veramente un mondo diverso: a cominciare dalle manopole della doccia, che la mattina dopo io ho fatto con l'acqua gelata. Forse gli italiani non usano acqua calda in estate, mi dissi. Anche Tehmina mi sembrava diversa, più decisa. Forse perché in Italia le donne, anche quelle ricche, devono fare tutto da sole: a Lahore, per esempio, c'era una guardarobiera che le preparava la valigia già sapendo cosa doveva metterci, quali vestiti e quale trucco, a seconda se voleva andare a Islamabad o a Londra.

L'indomani sono venuti i giornalisti che volevano sapere tutto della mia vita. Io ero un po' preoccupata per Nauman, che era silenzioso e triste. I primi giorni siamo rimasti sempre a casa di Haim e i giocattoli non lo consolavano. Mi ha fatto piacere che poco tempo dopo la Signora in rosso decidesse di portarlo con lei in Sardegna, al mare.

È venuto poi il giorno della prima visita di un chirurgo. Mi hanno portato in una clinica privata, sono entrati nella sala anche i giornalisti, una ventina, tra cui due uomini, una signora che si chiama Ludina e Benedetta, la ragazza che avevo conosciuto a Khala Katai. «Spogliati» mi ha detto il medico. Ho guardato con aria interrogativa Tehmina, che era vicina a me. Tutto? Tutto. Davanti a tutti? Davanti a tutti. Mi sono sentita molto infelice: noi musulmani abbiamo più pudore del corpo, mi sembrava di essere una cosa nelle mani di quel medico che la mostrava a tutti.

Dopo avermi esaminato ha detto che sarebbe stato meglio consultare il professor Cervelli. Lui non se la sentiva di intervenire in quel pasticcio che erano allora la mia faccia, il collo, il torace e il braccio destro. È stato lui stesso ad accompagnarmi da Cervelli, sempre seguito dal gruppo dei giornalisti. «Spogliati» mi ha ripetuto in tono di comando. «Non c'è bisogno» ha detto Cervelli. E mi ha dato un bacio sulla fronte. Ho chiesto un bicchiere d'acqua e lui mi ha messo in mano la sua chiave del bar self-service, da cui Nauman si è servito abbondantemente. «Per prima cosa bisogna liberare il collo» ha detto. «*Neck, neck*» ripeteva a me. Ho capito che lui l'inglese lo parlava come me, non bene. E ho intuito di aver trovato in lui un uomo che voleva proteggermi. Da quel giorno io voglio molto bene a Cervelli, il mio è un amore puro, che si allarga alla sua famiglia e ai suoi assistenti, che sono sempre stati buoni con me. Quando prego, prego sempre anche per lui, che abbia felicità e successo.

Dopo la visita il professor Cervelli ha parlato a lungo con Tehmina, spiegandole che quello che aveva in mente era un intervento molto difficile. «Se vuoi vivere meglio devi rischiare. O muori o vivi una vita meno amara» mi ha detto lei. «Accetto se tu prometti di prenderti cura di Nauman se io non dovessi svegliarmi più.» Lei ha promesso. E io ho firmato il consenso per l'operazione.

Una madre degnissima

Il mio problema principale era: dove andrà Nauman mentre io sono in ospedale? Un problema che s'innestava sull'altro della mia sistemazione per quando non ero in ospedale. Dopo aver peregrinato da una casa all'altra di amici di Tehmina, in agosto mi avevano messo in un centro per anziani a Ostia, una piccola città vicino a Roma. E mi avevano fatto firmare un foglio, davanti a un avvocato, in cui era scritto che affidavo mio figlio alla Signora in rosso per tutto il periodo in cui sarei stata curata in Italia. Furono giorni molto tristi, anche se non mi mancava niente. O, per meglio dire, mi mancava, terribilmente, mio figlio. E non potevo dirlo a nessuno perché ancora non riuscivo a parlare né a capire l'italiano. La sera ci facevano cenare alle sei e mezzo. Dopo cena, quando era buio, uscivo per strada e mi sedevo su una panchina a piangere. La strada era buia, nessuno mi vedeva: e io avevo la sensazione che ci fosse buio anche nel mio futuro. Una lunga strada buia davanti a me.

A settembre Nauman è tornato dalla Sardegna e una sera sono andata a trovarlo nella casa della Signora, a piazza di Spagna. Quella sera mi sono accorta che la mia piccola scimmia aveva già imparato tutte le parole necessarie per vivere: sapone, dentifricio, acqua, pigiama, caldo, freddo, sale, cipolle. E anche le parole di molte canzoni. Stava conquistando rapidamente l'italiano: mi sembrò un miracolo. Lo raccontai tutta contenta ad Allam, un anziano pakistano che mi era stato presentato da un'assistente sanitaria di Ostia. «Ma non lasciarlo con gli italiani» mi disse lui «perché qui i figli, quando diventano grandi, fanno morire soli i genitori, non vanno a portargli neppure un bicchiere d'acqua.» Parole inquietanti che non mi piacquero: non trovo giusto parlare male della gente del paese che ti ospita.

In quello stesso mese di settembre mi hanno ricoverato all'ospedale Sant'Eugenio, nella parte riservata alla clinica chirurgica dell'università di Roma Tor Vergata, per il primo intervento: quello che mi ha liberato il collo. Avevo una grande paura: non tanto del dolore quanto di non riuscire a capire quello che mi dicevano. La sera prima dell'operazione non riuscivo a prendere sonno, nonostante il Tavor. Mentre tutti dormivano io sono andata in corridoio, dove c'era una statua di Bibi Mariàm, e ho pregato.

La devozione fai-da-te di Fakhra, che oggi sarebbe pericoloso dichiarare in qualsiasi paese islamico, non scandalizza invece i musulmani più anziani: l'islam è stato nei secoli assai più tollerante del cristianesimo e ancora oggi molti credenti, specie tra i meno giovani, affermano che il fanatismo dei fondamentalisti contraddice i principi della loro religione. E citano il Corano: «Crediamo in Dio, e in ciò che ci ha rivelato, e in ciò che ha rivelato ad Abramo, a Ismaele, a Isacco, a Giacobbe, alle tribù, e a quel che è stato detto a Mosè e a Gesù, e in quel che è stato detto ai profeti del Signore: non facciamo nessuna differenza tra loro... E non disputate con le genti del Libro se non nel modo più cortese, eccetto con quelli che agiscono ingiustamente, e dite: "Crediamo in ciò che è stato fatto scendere a noi e in ciò che è stato fatto scendere a voi: il vostro Dio e il nostro Dio sono uno"».

Queste belle parole sembrano però essere lettera morta in questi anni in Pakistan, spesso teatro di sanguinosi attentati tra sunniti e sciiti e di delitti compiuti in nome della lotta alla blasfemia. La pena di morte contro chi bestemmia il Profeta, introdotta dalle leggi del 1980, non è mai stata applicata, ma in diversi casi chi è stato accusato di blasfemia è stato ucciso in prigione o, dopo essere stato liberato, da fanatici islamisti. In un caso a essere ucciso è stato il giudice che aveva assolto un imputato. Ma è l'esistenza stessa di questa legge (contro la quale il Consiglio mondiale delle Chiese si è appellato alle Nazioni unite) a rendere difficilissima la vita di cristiani, induisti e della comunità Ahmadiye. Per protestare contro l'intolleranza verso le minoranze religiose, esposte a ogni sorte di minacce, si è suicidato nel 1998 il vescovo cattolico di Faisalabad, monsignor John Joseph.

Mi è stato messo vicino in quel periodo un «mediatore culturale», persona che assiste gli stranieri che non parlano l'italiano quando sono ricoverati in ospedale o devono trattare con gli uffici pubblici. Era un uomo e cominciò col dirmi che avevo fatto male a lasciare il Pakistan, dove le donne hanno più dignità e sono rispettate. E veniva a dirlo proprio a me, che ho avuto un marito che mi ha «rispettato» tanto da voler cancellare la mia faccia con l'acido! Per fortuna è venuto solo due o tre volte, poi è stato sostituito da una ragazza indiana, Anita, che conosceva poco l'urdu ma era dolce e simpatica: siamo diventate amiche e lo siamo ancora.

Il primo incontro con la sala operatoria italiana è stato terribile perché non riuscivano a farmi l'anestesia. I medici non potevano trovare una vena abbastanza grande, hanno provato dappertutto, anche nella pancia, io piangevo, le lenzuola erano rosse di sangue. Poi Cervelli ha avuto un'idea: ha fatto chiamare il suo anestesista, il dottor Mauro, un genio. Prima mi ha fatto una piccola anestesia con un aghino sottile sottile poi, quando non sentivo più dolore, è entrato con l'ago grosso a cercare la vena e io finalmente mi sono addormentata.

Il risveglio non è stato facile perché mi avevano messo a testa in giù e gambe in alto. Ho visto intorno a me Cervelli circondato dagli assistenti, tutti vestiti di verde (diversamente dal Pakistan dove i chirurghi si vestono di celeste) e tutti con la faccia che esprimeva soddisfazione. Qualcuno mi faceva segno «OK» col pollice alzato e Cervelli ripeteva «*very good, very good*». I primi giorni dopo l'intervento avevo molto male al collo e alla schiena ma mi sono sempre sentita curata con grande calore umano: gli assistenti di Cervelli venivano spesso a chiedermi come stavo, il professore stesso veniva ogni giorno a vedermi quando stava per uscire e si era tolto già i vestiti da medico, mi dava un bacio in fronte e mi diceva «*very good*», oppure «tutto bene». Ricordo soprattutto una dottoressa, Alessandra, che quando mi faceva le medicazioni mi toglieva le garze molto delicatamente per non farmi male e la dottoressa analista, Isabella, che quando mi sono potuta alzare mi ha portato a casa sua e mi ha fatto conoscere il marito e il figlio. E anche le infermiere erano gentili con me, mi facevano le spremute d'arancia, mi davano i biscotti e mi portavano nella loro stanza a vedere la tivù. Ho sentito a Roma un'affettuosità spontanea, non interessata, come invece purtroppo c'è sempre da temere che sia in Pakistan.

Mentre ero ancora in ospedale la Signora in rosso ha portato Nauman a trovarmi: mi è sembrato cresciuto. Purtroppo non potevo ancora parlare, a causa di tutti i punti che avevo nella gola. Mi hanno tolto totalmente le bende dopo un mese. Il primo impulso è stato quello di toccarmi il collo con le mani: non c'era più quella giungla di alberi che mi inchiodava il mento al petto! Mi hanno dato uno specchio, il collo era libero, il miracolo si era compiuto. Potevo di nuovo alzare la testa e guardare la gente negli occhi.

Prima che lasciassi l'ospedale erano venute a trovarmi due principesse, amiche di Tehmina, Doris e Guia. Finché Tehmina era stata a Roma avevo frequentato con lei molte belle case e conosciuto persone importanti: ma quando sono uscita dall'ospedale mi è sembrato di entrare in un altro film. Era un film da incubo. Sono stata messa in un centro di prima accoglienza, a Nettuno, e ho avuto la sensazione di trovarmi in Pakistan. La luce veniva accesa solo alle sette di sera, quando era già buio, il bagno doveva servire a dieci persone, si mangiava nei piatti di plastica, minestrone tutti i giorni, non c'era televisione, erano proibite le bevande alcoliche ma molti immigrati riuscivano lo stesso a procurarsele e spesso scoppiavano liti terribili.

Accettavo tutto perché io ho pazienza e non scappo dai miei problemi. Sopportavo la vita al centro Caritas, ma ogni tanto mi mettevo a piangere.

Mio figlio era sempre in viaggio, lo vedevo molto di rado.

D'altra parte, come fare per tenermelo vicino? Non avevo una casa, non avevo soldi, né la speranza di procurarmeli. Negli ultimi mesi era stata l'industria di cosmetici a darmi quel tanto che era necessario per le mie piccole spese: ma dati i rapporti di amicizia e di lavoro tra il direttore di quest'industria e la Signora in rosso, immaginavo che non mi avrebbero dato più un soldo se avessi tentato di riprendere Nauman con me. Nella mia testa si agitavano fantasie molto tristi. Mi vedevo sola, in un paese straniero, senza il mio bambino. Perduto per sempre? Non avevo capito esattamente cosa c'era scritto nel foglio che avevo firmato dall'avvocato: Tehmina mi aveva spinto ad accettare la proposta ma neppure lei conosceva esattamente le leggi italiane. Avevo paura.

Un giorno ho telefonato a Clarice Felli. Col mio poco inglese le ho raccontato della mia vita a Nettuno, lei col suo poco inglese mi ha fatto sentire un grande calore umano. Una buffa storia quella del mio incontro con Clarice: l'avevo conosciuta all'aeroporto dove era venuta in compagnia di un medico bangladese, l'avevo poi rivista poco tempo dopo, mentre Tehmina era ancora a Roma ed eravamo andate con altre persone in Campidoglio. Lei stava discutendo con Veltroni, il sindaco di Roma, io naturalmente non capivo niente ma Clarice parlava con tanta foga che mi fece venire in mente l'immagine di una tigre. Ho saputo dopo che stava chiedendo una casa per ospitare le ragazze acidificate e che chiedeva solo per dare agli altri. Un giorno aveva letto su un giornale che in Bangladesh le ragazze vengono deturpate con l'acido anche solo perché rifiutano un pretendente o perché le loro famiglie non hanno abbastanza soldi per finire di pagare la dote. Provò una pena così grande che prese un aereo per Dacca, entrò in contatto con un'associazione femminile che si chiama Naripokkho e riportò a Roma, a casa sua, due ragazze acidificate. Prima di partire Clarice aveva fondato Smileagain e in un secondo tempo ha ottenuto dal sindaco che potessimo alloggiare in un appartamento vicino alla via Cristoforo Colombo, che si chiama Casa dei diritti umani.

Questa casa però era ancora un progetto e una speranza quando Clarice venne a trovarmi in ospedale dopo la prima operazione portandomi una scatola di cioccolatini. «Non potrei invece avere un po' di peperoncino?» chiesi io, che avevo molta nostalgia dei cibi piccanti del Pakistan. Lei si mise a ridere: quel giorno non ho avuto da lei peperoncino, ma una grande iniezione di tranquillità e di fiducia.

Un'altra iniezione di fiducia negli italiani e di speranza per il mio futuro in questo paese mi è venuta da una persona semplice, Eliseo, un ex poliziotto che mi era stato assegnato come autista per portarmi da Nettuno a Roma quando dovevo vedere i medici. Lungo la strada parlavamo – lui faceva grandi sforzi di buona volontà per capire il mio scarso italiano, io cercavo di capire, o magari di indovinare, quello che lui tentava di dirmi – e a poco a poco mi sono accorta che io per lui non ero un lavoro come un altro, ma qualcosa di più. Eliseo ha continuato a portarmi con la sua macchina anche quando nessuno lo pagava più per farlo e oggi dice: «Fakhra è come se fosse mia figlia».

Smileagain è stata costituita come Onlus, cioè un'organizzazione non lucrativa di utilità sociale, nel luglio del 2000 per la volontà di Clarice Felli di «fare qualcosa» per le ragazze del Sudest asiatico bruciate con l'acido.

Responsabile dell'amministrazione di alcune società d'ingegneria, Felli non aveva esperienza di strutture solidaristiche ma aveva ben chiaro in mente il modo per raggiungere il fine umanitario che si era prefissata: far funzionare le istituzioni italiane. «Io credo nello Stato» dice spesso. All'epoca della nascita di Smileagain esisteva un fondo di solidarietà presso il ministero della Sanità che ha permesso di far curare le prime due giovani donne, Tehmina Islam e Selina Aktar. Successivamente le competenze in materia sono state devolute alle regioni ed è questo il motivo per cui due ragazze pakistane, Maphara Sharif e Nasreen Sharif (cognome uguale per scelta «burocratica» al momento dell'ingresso in Italia, non sono parenti), sono state curate a Udine, a carico della regione Friuli-Venezia Giulia. Nei periodi in cui non sono in ospedale le ragazze «acidificate» hanno alloggio e vitto nella Casa dei diritti umani creata dal Comune di Roma. Tutte le altre spese vengono sostenute da Smileagain, che ha raggiunto ormai i duemila tesserati ed esiste anche in Pakistan, a Dubai e nel Nepal. In Pakistan, grazie anche all'attivismo di un'altra imprenditrice, Masarat Misbah, creatrice di una catena di istituti di bellezza chiamati Depilex, si sta cercando di costituire una struttura stabile, con chirurghi plastici pakistani e centri di riabilitazione per permettere alle donne bruciate di riappropriarsi della loro vita senza abbandonare il paese e di imparare un mestiere che garantisca l'indipendenza.

Nel 2004 Clarice Felli è stata insignita dal presidente Ciampi dell'onorificenza di Cavaliere della Repubblica Italiana.

La prima volta che ho incontrato Veltroni, quel giorno in Campidoglio quando Clarice Felli gli parlava con tanto impeto, lui mi ha preso per mano e mi ha detto: «Vieni con me, ti faccio vedere uno dei più bei panorami del mondo». Mi ha portato nel suo studio e ha aperto la finestra: era davvero bello. Sotto c'erano le rovine del Foro Romano, un po' più lontano il Colosseo, all'orizzonte s'indovinava la città moderna. «Questa città ti accoglierà» mi disse «non ti lasceremo sola, Fakhra.» Mi ha fatto l'impressione di un uomo buono, uno di cui ci si può fidare.

A Nettuno le giornate diventavano sempre più corte, presto è arrivato l'inverno ma lasciavano le finestre aperte, c'era un freddo terribile al centro di prima accoglienza, Nauman era sempre in viaggio, gli parlavo solo ogni tanto per telefono. Sono stati giorni bui. Anche qui però mi è venuto un po' di calore dalla cordialità di un italiano, Michele, il responsabile del Centro, che qualche volta alla sera, quando gli altri dormivano, mi portava una frittata e anche un album con tante penne colorate e mi diceva: «Dài, dipingi».

Dopo tre mesi ho subito la seconda operazione con la quale mi hanno ricostruito buona parte del naso, aperto completamente un occhio (che però era tutto bianco, solo più tardi ho avuto un trapianto di cornea) e aumentato l'apertura dell'altro. Questa volta l'ospedale mi faceva meno paura: sapevo che avrei ritrovato il professor Cervelli, che recita la parte del burbero ma poi è buono, mi dà la chiave del bar self-service e poi mi sgrida perché prendo le sigarette e minaccia: «Questa è l'ultima volta!». Sapevo che avrei rivisto le dottoresse e le infermiere che mi trattano come se fossi una vecchia amica, sapevo che avrei conosciuto persone nuove ora che capivo un po' d'italiano.

La prima nuova amicizia nata in ospedale è cominciata in un modo buffo. Ho visto una donna che rideva nella stanza vicina e ho pensato che ridesse di me, perciò mi sono messa a piangere. Lei invece rideva per tutt'altra ragione e quando mi ha visto piangere è venuta a consolarmi: si chiama Ilaria, ci siamo riviste ancora, in ospedale e fuori. Un'altra amica dell'ospedale è stata Enza, che poi mi ha portato a casa sua, a Pomezia, dove scherzavo con suo marito e con i suoi figli in una cucina piena di luce. E se ne avevo voglia potevo anche fare da mangiare. Un miracolo, queste conoscenze: mi hanno riscaldato il cuore e mi hanno fatto capire meglio gli italiani. Il loro modo di stare insieme in famiglia e con gli amici.

Nel marzo del 2002, dopo il terzo intervento, è venuta a trovarmi una signora, Emanuela Moroli, che mi ha detto: «Domattina ti vengo a prendere». Mi ha portato a Torre Spaccata, in un centro che si chiama Differenza Donna ed era destinato alle donne violentate. C'erano tante stanze, gli uffici, le operatrici, in un primo momento io ero l'unica ospite, poi è venuta ad abitarci una ragazza del Bangladesh, portata anche lei in Italia da Smileagain.

All'inizio andavo a letto alle tre di notte dormivo tutta la mattina, come ho sempre fatto, ma mi è stato detto: «Questo non è un albergo, ci sono obblighi da rispettare, devi andare dalla psicologa e fare lezione per imparare a leggere e scrivere».

Leggere, scrivere... L'idea mi piaceva. E mi è piaciuta subito la mia maestra, Fulvia, una bella ragazza che aveva qualche anno più di me. Con me ha cominciato da zero. Ha preso una rivista di moda, mi indicava le figure, mi diceva «gonna», «stivali», «borsa» e scriveva poi la parola su un bel quaderno.

Solo che se l'idea mi affascinava, la pratica mi respingeva. Era tutto difficilissimo, *mission impossible* per me. Qualche volta mi dicevo «forse un giorno ci riesco» poi quando cominciavo a studiare pensavo «ma a te che t'importa di fare tanta fatica?». Mi veniva un'ansia terribile mi sentivo male due giorni prima della lezione, telefonavo a Fulvia per darmi malata. Ma lei niente, implacabile, capiva che era una scusa e veniva lo stesso. Ho conservato di quel periodo un quaderno «scritto» da me fitto fitto: ma non erano lettere vere, sembravano lettere vere ma erano disegnini che inventavo io per darmi l'illusione di saper scrivere senza fare troppa fatica. Fulvia però è stata paziente con me, si era proprio convinta che io dovevo e potevo imparare: tanto che ha voluto darmi lezioni gratis per un anno, dopo che era scaduto il suo contratto. Mi piaceva Fulvia, preferivo parlare con lei dei miei problemi piuttosto che con la psicologa.

Nel complesso è stato un buon periodo, ero in un ambiente gradevole, tra donne gentili, ed ero a Roma, non più in esilio in una piccola città lontana dalla grande città dove viveva mio figlio. Anche là ci sono state ferite all'anima, come quando è stata organizzata una festa per Nauman e io non ho potuto essere presente perché le assistenti temevano che i bambini si spaventassero. Ma, come ho detto, c'erano altre cose che medicavano queste ferite e certamente vivere a Differenza Donna era mille volte meglio che stare a Nettuno.

È qui che ho conosciuto Tehmina Islam, la ragazza bangladese, anche lei sfigurata dall'acido, che era stata portata in Italia da Smileagain. Tehmina era assistente medico, una via di mezzo tra infermiera e dottoressa: un giorno, mentre stava uscendo dall'ospedale in compagnia di un'altra assistente, aveva ricevuto l'acido in piena faccia. Per errore, perché era l'altra ragazza che l'aggressore voleva colpire.

Tehmina aveva già avuto parecchie operazioni che le stavano restituendo il suo viso dolce, specchio esatto del suo carattere. Lei parlava l'hindi e non capiva l'urdu, io capisco l'hindi ma non lo parlo, lei aveva imparato abbastanza bene l'italiano, io ancora molto poco, lei conosceva bene l'inglese, io non bene: ma con un po' di tutte queste lingue ci siamo capite benissimo. Andavamo insieme a piazza Vittorio a comprare i cibi e affittare i film dei nostri paesi, facevamo da mangiare a turno (anche se lei cucinava malissimo), io ogni tanto avevo voglia di non dormire da sola e per convincerla a venire nella mia stanza le raccontavo di aver visto un fantasma nella sua, così che quando calava il buio lei aveva troppa paura a restare da sola e passavano la notte a chiacchierare e a ridere. Io scherzavo sempre sul fatto che i bangladesi, che mangiano sempre pesce e cipolle, sono circondati da una nuvola di odore di cipolle: e le regalavo un profumo. Ma lei non si offendeva e subito ricambiava comprandomi una maglietta.

Quello che mi dava coraggio era di vederla rinascere settimana dopo settimana: le operazioni le stavano restituendo il suo viso. Non esattamente quello di prima, non proprio la pelle liscia e fresca di una ragazza di venticinque anni, ma un aspetto tutto sommato gradevole. Quando è partita era, se non proprio bella, sicuramente carina. Abbiamo organizzato una festa in suo onore, lei dal Bangladesh mi ha mandato tre sari meravigliosi, poi purtroppo i contatti si sono interrotti. Nell'ultima e-mail ricevuta da Clarice ci faceva sapere che era entrata a far parte dell'organizzazione inglese Acid Survivors, che a Dacca si occupa delle donne vittime di attacchi con l'acido.

Il documento che avevo firmato poco dopo essere arrivata in Italia diceva che la Signora in rosso aveva Nauman in affidamento temporaneo per due anni. All'inizio avevo pensato che quella fosse un'opportunità provvidenziale. Per lui soprattutto, che così poteva vivere in una casa ricca, andare in vacanza al mare e in montagna in posti di lusso, avere tutti i giocattoli che un bambino può desiderare, la PlayStation e il telefonino, e per giunta si era affezionato ai genitori della Signora, tanto da chiamarli nonni. Era persino uscita una sua foto su un giornale, tra i VIP della Costa Smeralda. Per me c'era il sollievo di non dovermi preoccupare per lui: specie ora che mi prospettavano l'eventualità di dover andare avanti e indietro dal Pakistan tra un'operazione e l'altra.

Poi però hanno cominciato a verificarsi piccoli episodi che erano come aghi nel mio cuore: la Signora in rosso mi diceva che Nauman si vergognava di me, che per questo motivo non dovevo andare a prenderlo a scuola. E un giorno mi ha anche detto che mio figlio voleva cambiare nome. Quando lo vedevo però lui continuava a essere affettuoso, ma solo se non era presente la Signora. Quando c'era lei, Nauman era a disagio, imbarazzato. E con lei o senza di lei sembrava sempre triste. O stanco. Anche dopo aver dormito. Io potevo vederlo una volta ogni quindici giorni, quando andava bene. Perché, per una ragione o per l'altra, mi dicevano spesso che non poteva venire.

L'assegnazione della Casa dei diritti umani è stata la risposta del Comune di Roma alle sollecitazioni di Smileagain per venire in aiuto alle ragazze bruciate con l'acido. Nel novembre del 2001, a un forum di varie associazioni femminili e solidaristiche organizzato dall'assessore Mariella Gramaglia si è parlato del progetto di fare di Roma un centro di accoglienza e aggregazione per le donne vittime di crimini contro i diritti umani. L'ospitalità al Centro Diffe-

renza Donna è stata la prima tappa di quest'impegno del Comune di Roma. Nel luglio 2002 sono state aperte due case, a distanza di pochi metri l'una dall'altra, per ospitare sei persone.

Eravamo vicini al Natale del 2002, io già abitavo nella Casa dei diritti umani. Una sera, finalmente, ho avuto Nauman tutto per me e siamo andati a mangiare una pizza insieme con Clarice e con Carla, una dei primi sostenitori di Smileagain. All'uscita Clarice mi sussurrò: «Nauman ha tutto: perché è triste?». Quando siamo stati soli nella mia stanza, mio figlio e io, abbiamo parlato a lungo. Forse tutti i bambini del mondo sono tristi quando sono lontani dalla mamma. Ma c'era anche qualcosa di più: Nauman non si sentiva sicuro. Se gli capitava di piangere, magari perché era stato sgridato, la Signora in rosso lo minacciava: «Ti mando in una prigione per bambini». E mi ha detto che quando non voleva mangiare quello che c'era nel piatto lei gli sbatteva la testa sulla tavola. Ma Nauman era turbato soprattutto per altre ragioni delicate di cui non voglio parlare. Ed era preoccupato «perché lei è potente» mi diceva. Ho lasciato che parlasse, senza fargli domande. E ho messo in funzione il piccolo registratore che tenevo sempre vicino da quando Emanuela Moroli mi aveva consigliato di confidare alle cassette audio i miei pensieri e i miei ricordi.

L'indomani ho chiesto ad Angela, responsabile dell'associazione che gestiva la Casa, di telefonare alla Signora in rosso per avvertire che Nauman quel giorno non sarebbe tornato da lei perché aveva un po' di febbre. Il giorno successivo stesso pretesto. Il terzo giorno la Signora è andata alla polizia e mi ha denunciato.

Dopo un po' di tempo il commissariato di zona ha voluto saperne di più sulla storia di Nauman e mia: ma è stata Angela, come responsabile della Casa dei diritti umani voluta dal Comune di Roma, ad andare a parlare. D'altra parte lei sapeva tutto di me, della mia paura che mi togliessero Nauman e conosceva anche il contenuto della registrazione. È passata ancora qualche settimana, poi il giudice, una donna, ha voluto parlare con me e con la Signora in rosso. Ha fatto qualche domanda, ci ha ascoltato attentamente e ha deciso che Nauman e io dovevamo andare da uno psichiatra dell'Ospedale pediatrico del Bambin Gesù. Immagino che sia stata contenta la Signora, che già da un po' di tempo diceva che dovevo andare da un medico della mente, che ero debole e avevo la testa di una bambina. Diceva che c'era bisogno di una cosa che non sapevo cosa fosse: una «perizia».

Cominciò così un periodo duro: tre volte alla settimana uscivo di casa con mio figlio alle sei e mezzo del mattino, prendevamo l'autobus e cominciavamo a fare la fila alle sette e mezzo. Poi stavamo due o tre ore con un dottore gentile che a volte metteva Nauman in una stanza da solo con macchinine e bambole che avevano o il pisello o la virginia (come si dice? Ah, è vero, vagina). Lui non vedeva noi ma il dottore e io lo vedevamo attraverso un vetro che dall'altra parte era uno specchio. Nauman per fortuna non si è mai interessato alle bambole, ha sempre preferito giocare con le macchinine.

Al termine di quei mesi di esami il medico mi ha detto: «Stia tranquilla, suo figlio sta bene e lei è una buona mamma. Nessuno può toglierle il bambino». Questo naturalmente mi ha fatto molto piacere, ma non ero del tutto rassicurata: i giudici sono una cosa diversa dai medici e l'ultima decisione spetta ai magistrati.

In quel periodo mi hanno molto aiutato Angela, che mi obbligava ad andare dallo psichiatra anche quando non ne avevo voglia, e Silvia, l'assistente sociale, che insieme mi hanno dato il coraggio di chiedere di tenere mio figlio con me. Mentre i genitori e gli amici della Signora in rosso cercavano invece di convincermi che era meglio per lui vivere per sempre con lei.

Quei mesi hanno segnato una grande svolta nelle nostre due vite. Prima di tutto il fatto di vivere insieme, ciò che in passato era avvenuto solo per brevi periodi. Ed è una cosa per la quale ancora mi sento in colpa: penso sempre che se io non mi fossi sposata, Nauman avrebbe avuto una vita tranquilla e serena. Nella Casa dei diritti umani è cominciata per lui la vita di bambino povero. O meglio: non ricco. Dalla casa di piazza del Pantheon, una delle più belle piazze della Roma antica, o dalla piccola casa di piazza di Spagna, è passato a un dignitoso ma anonimo edificio nel moderno quartiere che si trova a lato della via Cristoforo Colombo. Dai vestiti di Dolce & Gabbana alle magliette dei grandi magazzini. Dall'asilo di Trinità dei Monti, dove vanno i figli dei diplomatici e dei grandi ricchi, a una scuola pubblica dove ci sono altri bambini dalla pelle scura.

Una vita alla quale mi è sembrato che Nauman si sia adattato con grande facilità, facendo subito amicizia con i nuovi compagni. Chiedeva però spesso dei «nonni» e per questo mi è sembrato giusto non interrompere i rapporti con la Signora in rosso. Anche se ci sono stati episodi che mi hanno dato molto fastidio (come un bigliettino sul quale era scritto: «Sei un piccolo pappagallo in gabbia, speriamo di liberarti presto»), capivo che c'erano con gli anziani genitori legami di affetto che non andavano spezzati.

Un prezioso aiuto mi è venuto da Clarice. Non solo per l'affetto che mi ha sempre dimostrato e per i regali a Nauman (subito una PlayStation) ma anche perché in quel periodo sono entrata sotto l'ala di Smileagain. Inizialmente l'industria di cosmetici si era impegnata a pagare gli interventi necessari per il mio recupero ma, dopo che il chirurgo con il quale erano in contatto, il primo che mi aveva visitato, aveva rinunciato, io ero stata seguita dal professor Cervelli e le mie spese mediche sono sempre state a carico del servizio sanitario italiano. E grazie al Comune di Roma ora vivevo in una casa dove c'erano anche ragazze capaci di aiutarmi con i tanti problemi che assillano una ragazza straniera, malata, che allora conosceva poco la lingua e per niente la burocrazia italiane.

Ma soprattutto c'era Smileagain. Che non voleva dire soltanto avere un'assistenza pratica giorno per giorno ma anche la sensazione di essere protetta, di non essere più sola con Nauman a fare fronte a tutti i problemi della nostra vita.

Il giorno che dovevo tornare dal giudice Clarice volle che mi accompagnasse un'avvocata, Maria Laura Rossi, che l'aveva assistita in una causa importante. La Signora in rosso venne con un'assistente sociale che era anche sua amica. «Non è necessaria la presenza di un avvocato» disse la giudice, ma Maria Laura ha insistito per starmi vicino ed è rimasta.

«Proponiamo una scrittura privata per regolare i rapporti con Fakhra in relazione al bambino» dissero la Signora e l'assistente sociale.

Erano parole dentro le quali io cominciavo a perdermi, ma per fortuna per me rispose Maria Laura: «Si sta verificando una situazione anomala: si sta cercando di ottenere una sorta di affidamento che aggiri tutte le regole».

«Ma no, è soltanto che la Signora desidera vedere il bambino, come anche lui desidera vedere lei. D'altra parte, giudice, consideri cosa può offrire la Signora, con i suoi ingenti redditi, in confronto alla madre che vive in condizioni precarie. Vivere in una situazione di disagio economico è doloroso per un bambino.»

Fu sempre Maria Laura a rispondere, rivolta alla giudice: «La signora ha ragione: è destabilizzante per un bambino passare continuamente da una vita di lusso e di sprechi alla vita modesta che conduce con la madre. Appunto per questo chiediamo che resti sempre con lei».

«Venga stabilito allora che può trascorrere con la Signora i periodi di vacanze. Ecco, abbiamo già pronta una carta...» Mi misero in mano un foglio in cui era scritto che Nauman avrebbe passato con la Signora in rosso le vacanze estive, quelle di Natale e di Pasqua, tutti i weekend e anche alcuni giorni nel corso della settimana. «Tu sei d'accordo, Fakhra, è vero che sei d'accordo? Ecco, basta firmare qui. Firmi Fakhra, vero?»

La giudice aveva l'aria perplessa. Chiese: «È arrivata o no la relazione dello psichiatra del Bambin Gesù?». Una persona fu mandata a cercarla e tornò poco dopo con un fascicolo.

La giudice si mise a leggere. Impiegò una decina di minuti. Finalmente alzò la testa dalle carte e disse: «Qui c'è scritto che Fakhra è una madre degnissima». Io non sapevo cosa voleva dire quella parola, «degnissima», e Maria Laura dovette spiegarmela. Mi fece piacere sapere che il risultato di quei tre mesi di andirivieni era stato il diploma di buona mamma.

La giudice stabilì che Nauman avrebbe visto la Signora in rosso quando lo desiderava, quando era compatibile con i suoi impegni scolastici e se io ero d'accordo. «Come si fa tra persone amiche, senza che ci sia bisogno di carte scritte» disse. E così è stato da allora.

Io avevo ancora paura perché la Signora mi aveva detto in passato: «Ti togliamo il figlio e lo mandiamo in un istituto». Maria Laura mi rassicurò: «Nessun giudice italiano toglierà mai il figlio a te, che sei una madre *degnissima*: hai persino il certificato!».

Vita romana

Quell'atmosfera di festa continua che vivevo a Karachi, quell'andare di casa in casa a tirare mattino, quella sensazione che fosse possibile avere ogni sera una sera diversa, ogni giorno un vestito nuovo, e bastava andare dal sarto alle quattro di pomeriggio per averlo pronto alle nove e sentirsi più bella e diversa da ieri: tutto questo mi manca, è vero. Ma in questa mia vita a Roma fatta di giorni tutti uguali non dimentico mai quello che ci ho guadagnato. Ho nostalgia di mia madre e mia sorella, rivedrei volentieri qualche persona cara, ma non ho nessuna voglia di tornare a vivere in Pakistan, qualche volta dico anche: «Magari fossi nata italiana».

Oggi vedo anche i lati negativi dei giorni a Napier Road e non mi piace che mia sorella continui a fare quella vita: cena a mezzanotte, a letto all'alba o dopo, la bambina affidata a una baby-sitter per andare a scuola, sveglia alle quattro di pomeriggio. E il resto della giornata a occuparsi di vestiti, di gioielli, di picnic, di televisione. E a litigare con mamma e parlare male del resto del mondo.

A Roma vivo giorni sereni, giorni di una qualsiasi mamma romana: accompagnare il bambino a scuola la mattina, riprenderlo alle quattro, andare con lui ai giardini, dare acqua ai fiori del terrazzo, fare un po' di spesa e di cucina pakistana, qualche pomeriggio al cinema, qualche serata con gli amici.

Dall'ultimo compleanno di Nauman è entrato nella nostra vita un personaggio a quattro zampe, un cagnolino più piccolo di un gatto ma che si crede un leone e pretende che giochiamo con lui a tutte le ore del giorno. Si chiama Rudi ed è una peste deliziosa. Vivo con Nauman in un appartamento messo a disposizione dal Comune di Roma, la Casa dei diritti umani. La mia stanza ha un letto grande, dove fino a poco tempo fa dormiva anche Nauman (ora ha un divano letto tutto per sé), una scrivania piena di DVD di film indiani e pakistani, un piccolo frigo e un grande armadio. Nella Casa dei diritti umani c'è un'altra stanza per altre ragazze acidificate, un bel soggiorno con un terrazzo e i servizi. Continuo a frequentare le persone che mi hanno dimostrato simpatia in questi anni: conosciute spesso casualmente ma poi entrate a far parte della mia vita. Come Carla, per esempio. Carla è un'amica di Clarice che un giorno in cui nessuno poteva accompagnarmi a una visita del professor Cervelli si è offerta di portarmi lei. Era un giorno in cui ero particolarmente depressa, non riuscivo a vedere che direzione poteva prendere la mia vita. «Io non ho un futuro» le dissi. Lei si ribellò: «Come sarebbe a dire? Hai ancora molte cose importanti da fare, e non solo per tuo figlio. Devi imparare a leggere: solo così un giorno, quando saprai scrivere, potrai denunciare quello che accade a tante altre ragazze bruciate come te e aiutarle a vivere. Magari diventerai anche famosa e io potrò vantarmi di essere una tua amica».

Nella mia stanza ho cercato di portare un po' di Pakistan: i nostri colori solari per le coperte dei letti e le fotografie, tantissime fotografie, appiccicate ai muri. Foto di mia madre quando era giovane, di mia sorella, della sua bambina Alisa, di me quando ballavo, o di me con in braccio Nauman appena nato: persone care, momenti perduti o troppo lontani. Quando chiudo gli occhi tutto il passato mi viene addosso. Persone e momenti. Momenti felici che fanno male, quando li ricordo, perché tutto è cambiato e nulla sarà più come prima.

Come quel giorno della mia infanzia quando ci hanno fotografato, noi tre fratelli e un cuginetto, tenuto in braccio da Tina. Siamo tutti magri e un po' impolverati: bambini scalmanati che stavano giocando, fermati un attimo dal fotografo per consegnarli alla memoria. Quel bambino si chiamava Ciani. Era figlio di una ballerina, aveva due fratelli e stavano bene, nel senso che avevano un letto per dormire e abbastanza da mangiare. Poi la loro mamma si è messa con un nuovo compagno e ha fatto altri cinque figli: sempre nella speranza che venisse una femmina per farne una ballerina. In Pakistan i figli sono ancora considerati un bene, ma nel mondo della danza è solo la femmina che può procurare il benessere di tutta la famiglia. Adesso Ciani e i suoi fratelli sono poverissimi. Lui è diventato magro magro e ha una malattia che viene per la fame e la sporcizia, i fratelli più piccoli, bambini di sette, otto anni, lavorano per quindici rupie al giorno, il compagno di mia zia dà da mangiare solo ai figli suoi. È una tragedia che non posso sopportare: ho mandato soldi a Kiran perché aiutasse Ciani. Adesso abita con lei e aiuta suo marito Puli che oggi lavora in un club di biliardo.

Nella mia stanza ho messo anche un'immagine della Sacra Sindone e una targa d'argento con il nome di Allah: spero che proteggeranno sempre Nauman e me.

Prima che arrivasse Nasreen è stata qui per breve tempo una ragazza russa che nel suo paese era potente perché lavorava nel petrolio, ma poi era dovuta fuggire. Questa ragazza parlava spesso al telefono con un uomo pakistano che viveva a Londra. Un giorno ha voluto che anch'io parlassi con lui e così ho fatto conoscenza con Akbar Khan, una persona molto gentile. Quando sono andata a Londra per una vacanza di qualche giorno, lui è venuto a prendermi all'aeroporto con un grande mazzo di fiori: aveva letto la mia storia su Internet e sapeva tutto di me. Io ero molto intimidita, quasi non riuscivo a parlare: erano anni che non camminavo per la strada a fianco di un uomo. Lui mi ha fatto fare la turista, la mattina mi veniva a prendere con le cose più buone per il breakfast e la sera a cena mi faceva ridere perché è un uomo molto spiritoso. È anche un bell'uomo, ha studiato in Russia e in Germania e lavora in una ditta che importa spezie. Quando sono tornata a Roma mi ha detto al telefono: «*I love you*». Io ho ribattuto che non posso credere che si possa amare una ragazza come sono io adesso, lui mi ha risposto che c'è chi guarda solo la bellezza esteriore e chi invece vede la bellezza interiore. Ma non mi sento di credere che questo possa far nascere l'amore.

Bilal si è risposato. Con la figlia del governatore del Kashmir. È stato lui stesso a dirmi che stava per riprendere moglie: «Ne ho bisogno per i miei figli» ha detto. Un altro giorno ha dichiarato che lo faceva per fare finalmente contento suo padre. Aggiungendo ogni volta che era me che amava sempre. Cose che mi irritavano soltanto. Poi, una sera di luglio, in una telefonata più lunga del solito mi ha detto a un certo punto: «Ascolta, Patò, ti prego». Patò, il soprannome che usava nei giorni felici. Ho avuto un momento di debolezza, sono scoppiata a piangere. E anche lui ha pianto con me.

Io ho continuato a piangere tutta la sera. Sulla mia vita bruciata, sull'amore perduto che non tornerà mai più. Sui giorni di Merin, dove mi hanno detto che Bilal ha portato in viaggio di nozze la sua nuova sposa, scegliendo proprio la stanza che avevamo noi. Da quella sera ho tolto la suoneria al mio telefonino. Ogni tanto arriva ancora un suo SMS: «Chiamami, è importante. Ti amo». Io non richiamo.

Clarice è stata in Pakistan per occuparsi di Depilex-Smileagain, che sta avendo un grande sviluppo. L'idea di portare nel nostro paese le cure per le donne bruciate venne una sera a Tehmina e fu lei a presentare Clarice a Masarat. Ora ci sono donne che vogliono venire dall'India a farsi operare in Pakistan.

Il Fatma Hospital, una struttura privata di Lahore che comprende ospedale e università, ha deciso di appoggiare il progetto Depilex-Smileagain offrendo degenza parzialmente gratuita ai non abbienti. Tutte le altre spese, dai farmaci ai viaggi delle donne bruciate dal luogo dove abitano a Lahore, vengono sostenute da Depilex-Smileagain, mentre un piccolo gruppo di chirurghi – tre italiani, Francesco Bellezza, Roberto Dell'Avanzato e Giuseppe Lo Sasso, e uno pakistano, Abrar Pirzada – presta la propria opera gratuitamente.

La lista d'attesa per gli interventi ha già superato i cento nomi, raccolti nei quattordici centri Depilex-Smileagain dopo un primo screening medico. E spesso in quei centri c'è la fila di persone che chiedono di essere visitate. Si dice che le donne bruciate siano cinquecento all'anno: cifra forse sottostimata perché si sa che non tutte denunciano l'aggressione, specie se è avvenuta in famiglia. Ma ogni volta che arrivano i chirurghi italiani i giornali, la radio e la televisione danno risalto all'avvenimento: i giornalisti si battono contro il silenzio che la tradizione faceva scendere su questa terribile forma di violenza. E tra le donne bruciate il passaparola fa circolare oggi un messaggio di speranza: si può tornare a vivere dopo l'acido.

Insieme ai piccoli regali che Clarice mi ha riportato da Lahore c'era un biglietto di Shan, un attore molto famoso e molto bello, una specie di Brad Pitt pakistano che frequentavo a Karachi, dove spesso giocavamo insieme a *tambòla*. Due righe scritte in fretta su una pagina di agenda strappata: «*To Fakhra: beauty will always be inside*». «A Fakhra: la bellezza sarà sempre (quella) dentro.»

A volte poche parole possono essere una medicina per l'anima.

Operazioni

«Oggi Fakhra è un problema chirurgico, quando è arrivata in Italia era un rebus» dice Valerio Cervelli, professore di chirurgia plastica all'Università degli studi di Roma Tor Vergata, il medico che finora ha effettuato su di lei le operazioni che le hanno consentito di alzare la testa, aprire la bocca e gli occhi, riavere un naso.

Nel 2001 un primo chirurgo che la vide al suo arrivo a Roma declinò la responsabilità di ridarle un volto umano. A Cervelli furono mostrate le fotografie e lui, un giovane abruzzese (trentasette anni all'epoca) già professore a Roma, disse semplicemente: «Va bene, subito dopo la pausa estiva».

Quando era ancora in ospedale a Karachi Fakhra aveva subito due interventi: un trapianto di pelle dalle gambe alla faccia e l'apertura parziale della bocca che l'acido causticante aveva sigillato. «L'acido è peggio del fuoco» spiega il professor Cervelli «perché il fuoco fa danni finché dura la fiammata, quindi per un breve momento, mentre l'acido continua a corrodere per parecchio tempo dopo che ha toccato i tessuti.»

Nell'estate del 2001 i problemi di Fakhra erano principalmente funzionali: un occhio era completamente chiuso, l'altro semichiuso, il naso ridotto a due piccoli buchi, un orecchio non c'era più, il labbro inferiore e il mento erano attaccati al torace. «Il problema principale fu quello di intubarla per l'anestesia» ha spiegato Valerio Cervelli «perché le "briglie fibrose" provocate dall'ustione le impedivano di distendere il collo e anche di aprire adeguatamente la bocca: né era possibile, nel caso di Fakhra, praticare la tracheotomia. Era difficile persino trovarle una vena – nelle mani, nel corpo, nelle gambe – per introdurre un ago. Si dimostrò straordinariamente bravo l'anestesista, che riuscì finalmente ad addormentarla per il primo intervento. Abbiamo così potuto prelevare tessuto dall'inguine e innestarlo sul collo.»

A quel tempo Fakhra respirava con la bocca aperta perché non poteva chiuderla (e non poteva respirare col naso), perdeva continuamente saliva e non poteva quasi parlare. Era in Italia da due mesi e non capiva nulla di quello che le veniva detto. Aveva però imparato due parole: «male» e «acqua». Furono quelli i suoi SOS, le uniche due microscopiche maniglie alle quali appigliarsi nel tunnel della lunga degenza necessaria per quello che l'eufemismo dei medici chiama «un intervento pesante». Non era ovviamente sempre presente il «mediatore culturale» che oggi negli ospedali, e più in generale nelle strutture pubbliche, fa da interprete tra lingue e culture lontane.

«Furono però necessari due interventi per permettere la completa estensione del collo. Allora Fakhra era molto rassegnata: solo in seguito ha recuperato il suo caratterino» dice Cervelli che ha oggi in Fakhra una paziente insubordinata, che non mette sul viso le creme che lui prescrive non fa la fisioterapia, continua a fumare, a mangiare cibi molto piccanti e non rispetta prescrizioni e divieti del chirurgo (al quale dà del tu, chiamandolo «Cervelli», senza titolo accademico, e avendo però in lui una fiducia illimitata). «Forse però è stato proprio questo suo temperamento indipendente ed energico che le ha permesso di sopravvivere alla tragedia che ha subito» riflette lui.

Il primo anno che Fakhra ha trascorso in Italia è stato un andirivieni dall'ospedale. Subito dopo averle permesso di rialzare la testa Cervelli si è convinto che gli interventi più urgenti riguardavano occhi e naso. Degli occhi Fakhra poteva aprire solo la parte esterna, all'interno la pelle era stata fusa dall'acido e le palpebre superiori erano sparite, insieme con le sopracciglia. Nei primi tempi del suo soggiorno in Italia poteva vedere solo i cambiamenti di luce: un primo intervento le ha consentito di recuperare un occhio, l'altro restava chiuso, protetto da una garza. «Le cellule staminali e la bioingegneria» spiega il professor Cervelli «non hanno per ora impatto clinico nel caso di Fakhra.» In altre parole, sono ancora in fase pionieristica e non se ne fa uso nella pratica clinica quotidiana «anche se alimentano grandi speranze. Il problema con Fakhra non è solo quello di sostituire la pelle bruciata ma di ridarle il tessuto sottocutaneo che l'acido ha consumato».

Quando Fakhra arriva sul tavolo operatorio lavorano su di lei almeno sei persone, due o tre équipe chirurgiche. Per quanto avveniristiche possano apparire ai profani queste operazioni, il professor Cervelli tiene a precisare di non aver mai fatto interventi arditi né tentato tecniche nuove su Fakhra: «In una situazione già così precaria le complicanze sarebbero terribili. E lei non deve soffrire più di quanto ha già sofferto. Con Fakhra non è possibile sbagliare».

Dopo il collo e la bocca è stata la volta dell'occhio che aveva perso la vista, del naso e dell'orecchio.

Fakhra nicchiava all'idea del trapianto di cornea, preferiva rimandare. Anche perché è un'operazione che si fa in anestesia locale e lei voleva invece essere addormentata. «Ho dovuto impormi» dice Cervelli «e alla fine si è convinta quando le ho spiegato che rischiava di non recuperare più la vista da quell'occhio: non poteva restare ancora molto tempo senza usarlo perché in natura ciò che non è usato viene eliminato. Erano passati quasi tre anni dall'aggressione con l'acido, se ne fossero passati altri due il cervello non avrebbe più raccolto l'impulso del nervo ottico.»

Il naso è stato ricostruito per ora con tre diversi interventi.

Il primo ha permesso di fermare la secrezione del muco e di formare un naso, ancora piccolo e incompleto, in parte con cartilagine presa dall'orecchio sano, in parte con innesti per rialzare la punta. In una seconda fase è stato innestato, con un'incisione «a corna di bufalo», un espansore che è stato fatto su misura, apposta per Fakhra, in Germania. L'espansore, in inglese *skin expander*, è un cuscinetto in plastica morbida inserito sottocute che viene periodicamente gonfiato con acqua (alla quale Cervelli aggiunge antibiotico per massima prudenza) e che, lasciato in loco per almeno quattro settimane, produce cute in eccesso. In questo caso la «nuova» cute è servita per ricreare i tessuti molli del naso. Nel corso dello stesso intervento, con un'incisione al bordo dell'orecchio, è stato inserito un altro espansore per aumentare l'area di cute buona che lei ha nella parte laterale del collo e che servirà in futuro per la ricostruzione del mento. Una volta «sbrigliato» completamente il collo, il progetto è infatti quello di inserire una protesi sagomata dall'interno della bocca per ricreare il mento distrutto.

Prima di questo secondo intervento al naso è stato applicato a Fakhra un orecchio bionico. «È stata un'operazione particolarmente ben riuscita» ricorda il professor Cervelli «perché lei aveva conservato, anche dopo l'ustione, il trago, la piccola sporgenza cartilaginea di forma triangolare che si trova nella parte anteriore dell'orecchio, e quindi l'aderenza del silicone morbido sulla pelle è risultata perfetta perché il bordo anteriore della protesi è nascosto, appunto, dal trago. Il nuovo orecchio è stato inserito con implantologia osteo-integrata extraorale, cioè con impianti simili a quelli usati per i denti ma molto più corti e con la testa più larga perché appoggiano sulla superficie piana delle ossa craniche. Si è trattato di una tecnica innovativa – con Fakhra non era possibile utilizzare quella tradizionale perché non aveva sufficiente cute buona perilesionale – ma ritengo che in futuro sostituirà sempre più spesso il sistema finora usato, che si giova della cartilagine costale.»

La cartilagine costale è stata invece utilizzata per completare la ricostruzione del naso. Un primo intervento di questo tipo è stato effettuato nel settembre 2004 e il prelievo costale è stato in parte «tesaurizzato» sottopelle, su un fianco, in modo da essere facilmente raggiungibile quando sarà possibile completare la ricostruzione del naso. Il che avverrà quando sarà disponibile abbastanza contenente (cioè cute) per ospitare il contenuto (la cartilagine).

Nell'intervento del dicembre del 2004 il professor Cervelli ha proseguito nell'opera di ricostruzione del naso e del collo. Nel naso è stata ricostruita la columella, che è la parte bassa, centrale, utilizzando la cartilagine «tesaurizzata». Nel collo è stata questa volta la parte destra a essere interessata, con l'inserimento di espansori che permetteranno di recuperare una bella pelle liscia, come già è avvenuto nella parte sinistra.

La politica dei piccoli passi – spiega Cervelli – si è resa necessaria con Fakhra perché, con la sua ritrosia nei confronti dell'anestesia locale, si deve ricorrere all'anestesia generale, il che comporta un intervallo di circa due mesi tra un'operazione e l'altra.

In futuro gli interventi saranno più brevi e, se Fakhra accetterà, numerosi. Cervelli si riferisce a lei come a «un'impresa in divenire», in cui nulla può essere stabilito a priori senza tenere conto del fattore umano. Una volta recuperati la funzionalità e l'equilibrio del viso (per cui non è stato superfluo il ripristino delle sopracciglia, ridisegnate con un tatuaggio), molti miglioramenti possono seguire. «La loro urgenza sarà solo psicologica» dice il professor Cervelli «dettata anche dagli eventi. E lavoreremo probabilmente con le cellule staminali, oggi un elemento in divenire.»

*Postfazione**
di Tehmina Durrani

Quando Fakhra Younas lasciò il marito Bilal, figlio del mio ex marito, lui mise in atto la minaccia tante volte pronunciata contro di me da suo padre. Quelle parole, dimenticate da lungo tempo, balzarono di nuovo alla mia mente, attraversando il tempo e lo spazio, nel momento in cui vidi la ragazza senza volto sulla soglia della mia casa. «Avrei potuto essere io al suo posto» pensai sgomenta.

Cosa posso dunque dire sul ruolo che abbiamo avuto nella vita di Fakhra, quando è il suo ruolo nelle nostre vite a costringerci all'umiltà?

È stata Fakhra a renderci consapevoli che finché fosse vissuta e avesse respirato era Dio stesso, e non una creatura bruciata e mutilata, a essere di fronte a noi.

È stata lei a farci riconoscere la presenza di Dio non in una moschea, una chiesa o una sinagoga, o nelle più belle tra le sue creature, ma nelle più reiette e misere tra tutte quelle del Suo popolo.

È stata lei a farci capire che aver paura di un uomo, di una pistola, di un attacco con l'acido o di un governo che si oppone al volere di Dio non è neppure una scelta.

È stata lei a portarci il messaggio che è l'unicità di Dio a chiedere che tutti gli esseri umani siano sostanzialmente e senza condizioni responsabili per tutti gli esseri umani.

È stata lei a farci percepire che un cuore di madre non può negare protezione a nessun figlio di nessuna madre.

È stata lei che ci ha fatto mettere in pratica l'insegnamento divino di superare il nostro interesse individuale.

È stata lei che ha salvato le nostre anime mentre noi abbiamo salvato solo la sua persona fisica. Una volta lei ringraziò mio figlio Alì per la nostra assistenza e lui giustamente rispose: «Fakhra, per piacere, non mettermi mai più a disagio ringraziando qualcuno di noi. Siamo noi che dobbiamo ringraziare te per averci dato l'opportunità di servirti».

Perché è stata lei che ha portato a noi l'opera di Dio.

Perché siamo noi in debito con Fakhra più di quanto lei possa mai sentirsi in debito con noi, e colgo quest'occasione per dire a nome dei miei figli e mio:

Grazie, cara Fakhra, per essere venuta nella nostra casa.

Tu ci hai portato la luce anche nella tua ora più buia.

Tu ci hai portato la purezza nonostante tu fossi condannata dalla società ed evitata in pubblico.

Tu ci hai portato il bene prezioso dell'illuminazione anche quando pensavi di non avere nulla da darci.

Tu ci hai portato la protezione divina anche quando credevi che fossimo in pericolo a causa dei tuoi nemici.

Tu hai portato alla luce la bellezza dei nostri cuori anche quando ti piegavi a causa del tuo aspetto.

Tu hai salvato le nostre anime mentre sembrava che fossimo noi a salvare te.

Non c'è dubbio che se Fakhra fosse stata di fronte al Profeta Muhammad (la pace sia con Lui) sarebbe stata l'ultima vittima dell'acido nel mondo islamico.

E io ringrazio il governo e il popolo d'Italia per aver ricordato a noi, popoli musulmani, il vero significato dell'islam attraverso la pratica cristiana.

E poiché nessun altro paese al mondo ha teso una mano altrettanto forte nell'offrire interessamento e assistenza a una vittima musulmana dell'acido, io credo che questo venga dalla memoria genetica di Gesù Cristo (la pace sia con Lui), dalla Sua gentilezza verso i lebbrosi, dal Suo tocco risanatore che ancora riluce nello spirito italiano. Le vittime dell'acido sono i lebbrosi di oggi e l'Italia ha teso loro la mano come avrebbe fatto Gesù Cristo stesso (la pace sia con Lui).

In un tempo in cui il valore della vita umana è ridotto a zero, l'aver salvato Fakhra è il simbolo del valore assoluto che tutte le religioni attribuiscono alla vita umana.

* *Nota per la traduzione della postfazione.* L'Unione dei musulmani d'Italia ha chiesto di non usare la parola «Maometto» ma Mohammad (o Muhammad). Io sono perplessa sull'acquiescenza a questo desiderio, perciò ho talvolta usato Maometto (loro traducono «Gesù» in varie lingue). Ho conservato qui Muhammad, data l'impronta fortemente religiosa dello scritto di Tehmina.

I ringraziamenti di Fakhra
(sotto sua dettatura)

Grazie a:

Tehmina Durrani e ai suoi figli. Lei è una donna molto forte e sensibile, se oggi sono qui lo devo a lei e dirle grazie è troppo poco. Lei mi ha dato una nuova possibilità. Ho molto rispetto per lei e per i suoi figli, che sono per me come fratelli, loro mi hanno aiutato come se fossi una loro sorella e in Pakistan aiutare una ballerina non è semplice. Ma loro mi hanno preso per mano e hanno camminato insieme a me alla luce del sole.

Al personale della casa di Tehmina. Un grazie speciale a queste persone che mi sono state accanto come se fossero la mia famiglia. Grazie a: Hanna, Sina, Azurbach, Giura, Ehnet l'autista e a tutti coloro il cui nome non ricordo.

A Zermina Durrani. Nei momenti più brutti eri sempre accanto a me, non trovo le parole per ringraziarti, riesco solo a dire «ti voglio bene» e prego Dio che esaudisca ogni tuo desiderio.

A Inamullah Nyasi. Un grande saluto e grazie di cuore: non hai avuto paura di rischiare per aiutarmi. Un abbraccio di figlia.

Al dottor Saikhip, il medico che mi ha curato a casa di Tehmina: perché mi eri vicino in qualsiasi difficoltà e a qualsiasi ora, non lo dimentico. Un grande abbraccio.

Un grande saluto a mia madre. Perdonami se ho scritto queste verità difficili e intime. So che sei una madre come lo sono io e per questo so che mi perdonerai. Grazie per avermi dato la vita, grazie perché attraverso le tue sofferenze ho imparato tanto.

Grazie a mia sorella Kiran, che per me è stata come una figlia ma che poi mi ha fatto da madre. Le voglio tanto bene, lei mi ha aiutato molto quando stavo male. Anche a lei chiedo perdono per aver svelato inevitabilmente parte della sua storia e per averle procurato dolori in passato.

A mio fratello scomparso lo scorso anno. Anche se ora non c'è più lo sento sempre vicino a me. Un bacio, Tina.

A Nauman, grazie per l'aiuto che mi hai dato sempre. Sei un bambino splendido, non mi hai mai abbandonato, qualsiasi strada io abbia scelto; spero che, quando crescerai, nel leggere questo libro capirai perché l'ho scritto e potrai essere orgoglioso della nostra storia. Con questo libro voglio donarti qualche cosa di grande per me: la verità e me stessa. Il giorno che ti sei operato alle adenoidi, nel vederti sofferente ho sentito dentro un amore così grande, così forte che non si può proprio spiegare, amore mio, e ho capito in quell'istante di essere una madre. Grazie, figlio mio, per avermi fatto scoprire ancora una volta tutto l'amore che ho dentro per te. Con amore, tua madre.

Grazie a Masarat Misbah, presidente di Depilex-Smileagain in Pakistan: una donna molto forte e sensibile. Sono felice che lei aiuti il mio paese e spero che andrà avanti per questa strada.

A Nasreen. Prima che succedesse a me non sapevo che ci fossero altre donne acidificate nel mio paese. Poi ho conosciuto Maphara e Nasreen. Nasreen è una ragazza non vedente simpatica e allegra. Mi ha aiutato tanto e ha aiutato anche Nauman. Grazie Nasreen, grazie Maphara, perché mi avete dato il coraggio di vivere.

Grazie ai medici pakistani che mi hanno aiutato, un bacio grande, scusatemi se non ricordo i vostri nomi.

Grazie ai giornalisti pakistani che mi hanno aiutato a ottenere il visto pakistano. Non ricordo i vostri nomi ma siete sempre nel mio cuore.

A Valerio Cervelli, al quale non devo spiegare niente di me perché con un solo sguardo arriva dritto al mio cuore. Sei un uomo speciale e grazie a te ho riscoperto la stima per gli uomini. Un bacio a te e alla tua famiglia.

Alla nuova équipe del professor Cervelli. Sono tutti molto umani con me, non mi fanno sentire semplicemente una paziente ma piuttosto un'amica. Quando mi sottopongo agli interventi mi sento tranquilla perché so di essere in buone mani, ma mi sento anche fortunata perché so che avere un'équipe così non è cosa da poco.

Al dottor Garzioni e al personale sanitario del reparto oculistico dell'ospedale San Carlo di Nancy.

A Laura Boldrini, portavoce per l'Italia dell'Alto commissariato delle Nazioni unite per i rifugiati, che affettuosamente mi assiste perché vengano rispettati i miei diritti di persona e di rifugiata.

A Giorgio Fanfani, che ha dato un grande aiuto a me e a mio figlio, non lo dimenticherò mai. Grazie anche a suo figlio Lorenzo.

All'équipe attuale della Casa internazionale per i diritti umani delle donne. Anche se a volte si discute, sento che tra noi c'è fiducia e un grande affetto che non sempre diamo a vedere.

A Carla: ogni volta che la vedo e in qualsiasi modo sento sempre il suo affetto... Un abbraccio alle sue figlie Eleonora e Veronica e a suo marito Furio Focolari.

A Soraide. Grazie che hai aiutato Smileagain, anche se sei una farfalla che ogni tanto sparisce. Grazie a te e un bacio a tuo figlio.

A Maria Teresa di Smileagain, una donna molto timida, dolce e sensibile e sempre pronta a mediare per me (saluti anche a tuo marito, «Piazza Vittorio»).

A Teresa Nannarone, assessore alle Politiche sociali della Provincia dell'Aquila, e a Paola Fiorino di Sulmona, sempre disponibili per me e per Nauman. Due donne molto sensibili che hanno aiutato sia me sia Nasreen.

A Nella e Angelo. Li ho conosciuti in ospedale, dove era ricoverata la loro figlia Tania. Mi hanno aiutato tanto e io chiamo Angela e Nello «mamma e papà».

Ai «nonni italiani» di Nauman, Rita e Giovanni, che hanno realmente fatto da nonni a Nauman, sostituendo in buona parte l'affetto che la mia famiglia d'origine può dare a Nauman solo da lontano.

A Luigi Albisinni, un amico che mi ha sempre aiutato in silenzio, senza mai rendere pubblico l'aiuto che mi dà.

A Francesco Bellezza, che per me non è solo un medico ma un grande amico, perché aiuta me e il mio paese con il cuore e con tutta l'anima e questo per me non è poco. A Giuseppe Lo Sasso e a Roberto Dell'Avanzato, medici che vanno periodicamente in Pakistan per aiutare con animo sensibile il mio paese.

A Claudia, Luigina, Luciana, detta Calabria, e famiglia e a tutti quelli che ho dimenticato e di cui non ricordo il nome.

A Laura Rossi, amica e avvocato: mi è sempre vicina e ha difeso i miei diritti di madre.

Grazie all'assessore del Comune di Roma Mariella Gramaglia per l'impegno dimostrato nell'accogliere donne con le stesse mie problematiche.

Grazie a Roberta, la mamma di Sofia e Dario, amici di Nauman, che spesso si prende cura di mio figlio.

A Elena Doni, che con la sua intelligenza e sensibilità ha tradotto fedelmente la mia storia, i miei dolori e le mie speranze.

Grazie a Clarice Felli, presidente di Smileagain. Non considero Clarice un presidente, per me è una sorella grande, tra me e lei non c'è uno specchio, quando Clarice mi guarda coglie ogni cosa dentro di me. Nemmeno mia madre ha mai capito questa cosa fondamentale: di cosa ha veramente bisogno un figlio. Sento che per Clarice non sono soltanto l'ospite in Italia che è stata bruciata, c'è molto di più profondo tra noi. Clarice è una donna che mi rispetta. Vede in me la donna. Mi sento sua vera amica. Io e Clarice quando parliamo siamo libere. La sera a volte andiamo a cena. Scherziamo e ci ritroviamo a parlare in macchina, anche di sciocchezze, fumando l'ultima sigaretta prima di andare a dormire. Condividiamo i dolori e le gioie. Ogni ricavato, ogni premio in suo onore, Clarice lo dona a me e a Nauman. Grazie anche ad Anita e Paolo per tutto l'affetto profondo per me e per mio figlio.

Chiedo scusa ai componenti di Smileagain che non ho menzionato perché non ricordo a memoria tutti i loro nomi, un grande grazie.

La mia vita non finisce con questo libro, io uscirò dalla Casa internazionale, ne troverò una tutta mia, avrò un lavoro degno e sarò finalmente padrona della mia vita insieme a mio figlio. Sto imparando l'italiano. Ritornerò per raccontarvi una nuova storia.

Questo libro non è stato scritto per me ma per il mio paese, io non ho bisogno di pubblicità. Spero che qualcosa cambierà in Pakistan e qualcosa sta già cambiando. Penso che tutte le donne possano capire il senso della mia storia.

A tutte le donne del mondo che soffrono dedico questo mio libro, che possa servire affinché questo non accada mai più.

«Il volto cancellato»
di Fakhra Younas con Elena Doni
Oscar bestsellers
Arnoldo Mondadori Editore

Questo volume è stato stampato
presso Mondadori Printing S.p.A.
Stabilimento NSM - Cles (TN)
Stampato in Italia - Printed in Italy